À Yvonne et Suzanne.

Prologue

Je veux ici parler d'un voyage. Une curieuse épopée pour laquelle j'ai embarqué, très tôt, sans le savoir. Comme des millions d'autres avant moi, j'ai parcouru un chemin déjà largement tracé, celui de la gauche. Par-delà les choix idéologiques et les opinions politiques, ce voyage fut une architecture de l'esprit, qui m'a précédé, et qui me survivra.

Certains naissent avec un baptême, d'autres avec une particule ; pour ma part j'ai grandi avec un idéal. Une construction de l'être, qui va jusqu'à forger vos convictions, et vous ramène toujours dans un endroit familier, à la manière d'un port d'attache. Quelles que soient les péripéties de l'existence, la gauche surplombait ma vie, j'ai longtemps cru ce spectre inaltérable.

J'entends ici livrer une confession à mes lecteurs. Leur communiquer mon sentiment sur ce que fut la gauche, ma gauche. Je souhaite dresser l'inventaire des errements de la gauche contemporaine, ses renoncements aussi. C'est une histoire tragique pour le peuple bien sûr, mais plus encore pour la France. Sans candeur ni idéalisme, je veux proposer une autre voie. Sculpter les contours d'une autre gauche. Elle ne sera pas mondialiste, *woke* et urbaine. Elle sera provinciale, enracinée, populaire et rurale.

Mon voyage à gauche commençait le samedi sur le marché de Bègles, ville communiste et ouvrière historique, où je vendais les légumes et les fruits que produisait mon père. Les week-ends, il m'arrivait de tenir le local bordelais de la Confédération nationale du travail (la CNT, syndicat anarchiste et révolutionnaire), dont mon père était membre, et pour lequel nous livrions nos produits maraîchers à la vente. À 13 ans, j'assistais aux réunions de ces militants, à l'arrière du petit local syndical du quartier populaire de Saint-Michel à Bordeaux. Les discussions de mon père et de ses camarades, les saillies contre le gouvernement, les capitalistes et la police, sonnaient à mes oreilles comme un bruit de fond ordinaire, presque familier. Je n'étais pas étonné que ces adultes envisagent la révolution et le renversement « du système », le combat me semblait juste et je croyais le grand soir possible. Le décor du local, ses chats noirs dessinés un peu partout, ses drapeaux et ses étoiles rouges, tout cela intriguait l'enfant que j'étais. Des heures durant, je détaillais chacun des symboles de ce curieux endroit, sorte de temple païen de la gauche révolutionnaire. Si j'aimais y accompagner mon père, je demeurais plus à l'aise pour vendre nos légumes sur le marché de Bègles. Il faut croire que déjà à l'époque, la gauche populaire et provinciale me séduisait davantage que le combat militant et révolutionnaire des centres-villes.

Dans un curieux parcours (dont je détaillerais quelques éléments dans ce livre), je me suis trouvé, 10 ans après les réunions à la CNT, dans le bureau de François Hollande. Cocasse, pour un enfant qui vendait les légumes et tenait la permanence d'un syndicat anarcho-révolutionnaire. Naturellement, le décor n'était plus le même, mais l'esprit de l'enfant qui accompagnait son père et ses étranges camarades, lui, était intact. Guidé par la soif de « peser de l'intérieur », par l'illusion que je caressais de faire évoluer « la gauche de gouvernement » vers la souveraineté populaire, j'avançais coûte que coûte vers les sociaux-démocrates, pensant que ceux-là pourraient entendre mes doléances. D'évidence, j'avais été candide, et cela ne fonctionnait pas.

Cette désillusion me peinait. La gauche révolutionnaire me semblait vaine et inefficace, je découvrais une gauche au pouvoir tout aussi perdue et inopérante. Les deux gauches que l'on disait « irréconciliables » étaient les deux faces d'une même pièce. Les premiers accusaient la seconde de trahison, et la seconde traitait la première d'extrémiste. Toutes deux incapables d'unir la France face aux périls nombreux et imminents qui se dressent devant elle, la gauche erre aujourd'hui entre combats sociétaux américains (idéologie *woke*) et mondialisme à marche forcée (social-démocratie au pouvoir). Enfin, la gauche contemporaine, qu'elle soit révolutionnaire ou social-démocrate, s'avère dans l'incapacité totale d'endiguer le déclin Français, voire même de le constater.

Conscient et inquiet des désillusions qu'incarnent ces gauches crépusculaires, tout l'enjeu de ce livre, et des réflexions qui y sont menées, est de prouver qu'une troisième voie est possible. Par-delà les courants dits « irréconciliables », il est une constante qui emporte tout sur son passage, la France. À travers mon parcours, mes rencontres, mes lectures, j'ai fini par comprendre qu'il pouvait exister une gauche après la gauche.

Je veux ici la penser, pour demain la bâtir.

Première partie

Bon temps de la gauche populaire

I

Aux racines de notre monde

Elle habite quelque part,
Dans une banlieue rouge,
Mais elle vit nulle part,
Y a jamais rien qui bouge,
Pour elle la banlieue, c'est toujours gris,
Comme un mur d'école, comme un graffiti.

RENAUD, *Banlieue rouge*.

Comme toute histoire, la gauche naît de légendes. Elle ne se lit pas dans un manuel, ne s'explique pas dans les textes. C'est un dialecte, puissant et romantique, façonné par nos ancêtres. Toute personne imprégnée de ce legs n'ignore rien de la Commune de Paris ou d'Émile Zola, mais ressent du plus profond de lui ce qu'un lecteur, même le plus assidu, ne saurait qu'entrevoir.

Je laisse aux historiens le soin de décrire la genèse de la gauche. Ils se chargeront de faire justice à l'un et de contester l'autre, de prouver « le vrai » et de bannir « le faux ». Ce sont là des querelles bien heureuses. Pour ma part, je me contenterai d'un sentiment.

Ma gauche fut, comme pour des milliers d'autres, une lueur lointaine, un horizon calme et rassurant. Par-delà les définitions théoriques, nos esprits en sont inondés, sans même le savoir. Avant d'être un concept politico-historique, la gauche était à mes yeux une histoire douce comme une berceuse. Une mélodie qui s'écoute et se contemple du fond des âges.

Bien sûr, la gauche prend racine dans les textes de Jaurès ou de Marx, de Proudhon ou de Fourier ; mais pour nous tous, enfants de la gauche, le premier contact n'est pas politique mais affectif. L'ancrage des convictions, nos représentations du monde, sont bien souvent humaines avant d'être intellectuelles. La politique n'échappe en rien à cette règle. Quelle prétention de se croire si puissants que notre histoire, nos parents, ne seraient que des figurants pour nos esprits si libres et brillants. En se croyant plus affranchi sans racines, l'homme moderne commet une erreur fondamentale. Il croit trouver dans sa quête irrépressible de liberté, une délivrance à sa condition d'homme mortel, imparfait. C'est tout le contraire.

Savoir d'où l'on vient est un travail fastidieux et passionnant. Il réclame humilité et ouverture d'esprit. À une époque où des slogans publicitaires nous poussent à « écrire notre propre histoire », ou encore à « venir comme nous sommes », apprendre à connaître son passé, à l'aimer, est un exercice salvateur. Cela est vrai pour une nation, mais aussi pour un homme. D'où que nous venions, je crois qu'un substrat culturel ou politique s'ancre toujours dans nos sentiments, au cœur d'un rapport affectif que nous entretenons depuis l'enfance. Nos valeurs, tels le partage et l'empathie, nos passions comme la liberté ou l'autorité, prennent corps dans l'intimité de l'enfance, voire plus loin, dans un héritage curieux et imperceptible qu'aucun mot ne saurait décrire. Tout individu qui prétendrait n'être que le produit d'une raison froide, indépendante de son histoire, pécherait par orgueil et s'abandonnerait à l'individualisme contemporain.

La gauche n'échappe pas à cette construction de l'esprit. Avec elle, mes premiers rendez-vous furent affectifs, avant d'être intellectuels. Les totems, les symboles et les légendes, se racontent et se perçoivent comme des mythes fondateurs. Mis ensemble, ils prennent corps et sculptent l'esprit.

Enfant, mon père me lisait *Rahan*, serré contre lui. Ce héros de la Préhistoire était le « fils des âges farouches », et aussi le seul survivant de son clan après l'éruption du « Mont bleu ». Roger Lécureux, le scénariste de la bande dessinée, avait retenu le croquis d'un Gaulois blond et costaud, qui n'avait rien de l'esthétique d'un homme du Paléolithique. André Chéret confiait à ce sujet dans un entretien : « Je n'ai eu qu'à déshabiller mon Gaulois. Je lui ai juste laissé un pagne, j'ai remplacé sa chaîne par un collier de griffes, je l'ai armé d'un couteau. Rahan était né ! » Il m'a fallu lire cela pour comprendre que la gauche partageait jadis avec la droite une part essentielle du récit national : « Nos ancêtres les Gaulois » ! Rahan était un héros viril dont la force physique servait ses valeurs, héritées du sage Craô (son père adoptif) : la générosité, le courage, la ténacité, la loyauté et la sagesse.

Dans chacun des épisodes de cette bande dessinée, le héros délivrait un peuple de l'oppression de sorciers ou de chamans. Profitant de la naïveté et de la superstition des hommes, ceux-là s'accaparaient les richesses et occupaient le pouvoir sans partage. Par son ingéniosité et sa ténacité, Rahan parvenait à sauver le clan des vents mauvais. Il apportait les innovations scientifiques, la raison et les valeurs humanistes. Rahan domptait les bêtes sauvages et la nature, il exprimait ses victoires par un cri triomphal : « Raaaahaa ! »

Il m'a fallu des années pour comprendre que ce personnage, familier de mon enfance, était en réalité le prophète de l'idéal socialiste maquillé en Gaulois. Ce premier contact avec la gauche avait planté le décor. La force virile, la puissance physique et l'innovation scientifique, étaient indissociables des valeurs humaines et de l'éducation des peuples. Pour être aussi héroïque que Rahan, il fallait être sage et hériter les valeurs d'un père spirituel respectable et âgé, chargé de transmettre son savoir. S'il était un homme libre, Rahan était surtout autodiscipliné, courageux, et loyal aux valeurs de son clan.

Ironiquement, ma première icône de la gauche était un mâle blanc, viril et libre-penseur. Rahan vivait à rebours des hommes déconstruits du XXIe siècle. Il était à mille lieues du mimétisme avilissant des bobos mielleux à trottinette.

Spartacus est une autre de ces figures providentielles, presque messianiques. Le gladiateur courageux, dont certains historiens doutent aujourd'hui des intentions libératrices, fut l'un des totems de ma gauche. À travers son existence bien sûr, mais surtout par ses représentations artistiques et populaires, Spartacus est une sorte de Jésus de la gauche. Sa vie comme sa mort confinent à la tragédie antique. Après la rébellion contre les cohortes romaines, 6 000 esclaves sont crucifiés par les Romains le long de la Via Appia, entre Rome et Capoue. Ce massacre aura fonction de mythe fondateur pour la gauche.

Ici encore, ce sont les incarnations artistiques plus que les faits historiques qui vont marquer le peuple de gauche. Comme beaucoup, ma rencontre avec Spartacus doit plus à Kirk Douglas qu'à Karl Liebknecht ou Rosa Luxembourg. Adapté du roman de Howard Fast, *Spartacus*, le film de Kubrick sorti en 1960 constitue non seulement l'un des plus grands chefs-d'œuvre du cinéma, mais aussi une puissante invitation à la rébellion. L'ordre romain y est brossé comme injuste, violent et cruel, là où les esclaves semblent courageux, tendres et profondément humains. La mise en scène des oppressés luttant pour leur survie face au torrent mortifère des puissants exalte immédiatement une passion libératrice. L'esthétique de la gauche s'incarne dans le *Spartacus* de Kubrick.

Sans le savoir, mon regard enfantin se perdait dans l'expression douce et virile d'un héros antique (incarné par un acteur américain) dont j'ignorais tout mais qui me guidait vers les valeurs de la gauche.

De mon jeune âge, je vivais les derniers instants d'une culture populaire déjà désuète. Je m'aperçois maintenant que cet éveil avait plus à voir avec la France du XXe siècle qu'avec celle que nous connaissons aujourd'hui. C'est peut-être de là que me vient ma passion pour la « gauche vintage », celle qui écoutait Ferrat et rêvait à un monde meilleur attablée dans un bar-tabac enfumé.

Si la gauche s'enracine dans une histoire et des symboles communs, elle s'incarne aussi dans nos vies et celles de nos anciens. L'été, nous allions camper avec mes parents dans un village du nord de l'Aveyron sur le bord du Lot. J'aimais particulièrement le moment de l'installation de notre tente et de la mise en place du campement. Tout près de la rivière, il arrivait que mon père me raconte l'histoire de notre famille. Celle de grands-parents communistes dans le Paris d'après-guerre. Ma grand-mère était concierge et mon grand-père chauffeur-livreur, ensemble ils élevaient leurs enfants dans un HLM du douzième arrondissement. Ils habitaient un petit immeuble en brique rouge auquel on accédait par un portail depuis la rue Claude-Decaen. La vie dans ce quartier populaire m'était décrite comme douce et heureuse. À cette époque, prolétaires et bourgeois vivaient à Paris dans une presque bonne entente, tandis que la lutte des classes demeurait la clé des relations sociales, dans les grandes villes comme ailleurs. On me racontait les cellules du Parti communiste, ces lieux d'éducation populaire (les mauvaises langues diront de propagande) et les repas envoyés aux grévistes lors des mouvements sociaux, préparés par ma grand-mère qui écoutait Édith Piaf. Les rapports sociaux semblaient structurés par l'engagement militant et la solidarité des travailleurs face aux classes dominantes. Cette architecture sociale agissait comme un ensemble de repères, de normes. La gauche populaire s'organisait autour d'un horizon tracé par les penseurs du XIXe siècle. Bien plus qu'une croyance abstraite, le « grand soir » était un moment auquel on se préparait. Il était la promesse immense de l'égalité des hommes, de la justice et de la solidarité.

Le peuple de gauche avait une vitalité et une force morale qui irriguaient la société française. Il y avait là une noblesse et une grandeur d'âme sans pareils. La construction politique française est indissociable de cette aspiration à l'égalité. Plus encore qu'une valeur de la gauche, la justice sociale est un marqueur de l'identité nationale. Des révoltes paysannes du XIVe siècle à la Commune de Paris, le peuple français concentre en lui le refus de la domination et un élan irrépressible de liberté. Le peuple de gauche, par sa force de travail, sa créativité et son humanité a contribué à faire de la France une nation dont les valeurs éclairent le monde.

Au même moment, depuis Saint-Germain-des-Prés et le 5e arrondissement de Paris, les philosophes de la « *french theory* » plantaient le décor du renouveau de la gauche. Dans l'indifférence du prolétariat qui luttait âprement pour une vie meilleure, Beauvoir, Deleuze ou Derrida initiaient un profond changement de paradigme. Exportée aux États-Unis et vite déformée par des philosophes comme Judith Butler, la « déconstruction » est devenue en l'espace de quelques décennies le navire amiral de l'abandon du peuple par les élites de gauche. De nouvelles minorités « oppressées » ont été identifiées et comme le démontre le sociologue Alain Touraine, « les nouveaux mouvements sociaux » ont pris le pas sur les mobilisations populaires traditionnelles. Incapable d'offrir le « grand soir » promis à mes grands-parents, la gauche a théorisé de nouveaux concepts comme le genre ou le décolonialisme, lui permettant de s'accommoder de la mondialisation et du capitalisme. Avec la fin de l'URSS, la gauche française n'a pas su inventer le contre-modèle à l'hégémonie culturelle américaine. Pis, elle lui a ouvert les bras.

Livrée sans protection nationale à la société de consommation et à la mondialisation, notre famille a vécu ce que des millions de Français modestes ont dû subir. Paris est devenu une capitale mondiale qui les a chassés pour la grande banlieue. Ils emménageaient à Sarcelles. Progressivement, le prolétariat perdait sa conscience de classe pour embrasser le rêve américain. La colonisation des esprits fut telle que les modes de vie traditionnels furent délaissés. La profusion de biens de consommations, l'explosion du crédit et les débuts de la tertiarisation ont eu raison de l'union des classes laborieuses françaises. Trop tourné vers les valeurs et les modes de vie américains, le prolétariat français a perdu sa vitalité, sa conscience de classe et son patriotisme.

Mon père me racontait que les représentants de commerce se succédaient dans l'appartement familial pour vendre toutes sortes d'objets inutiles à mes grands-parents. En résultait une profusion d'appareils électroménagers payés à crédit dont l'accumulation procurait une illusion de richesse et de confort de vie, alors même qu'il devenait impossible de rembourser les crédits à la consommation contractés.

De leur vivant, mes grands-parents n'auront pas vu le « grand soir » qu'ils espéraient tant. L'arrivée de François Mitterrand au pouvoir en 1981 n'a pas mieux rémunéré leur labeur et ils ont achevé leur existence comme ils l'ont commencée : sans la moindre fortune personnelle, mais criblés de dettes.

Si ma famille, comme le reste de la gauche populaire, a été abandonnée, c'est parce qu'elle était trop difficile à défendre. Protéger le prolétariat français, l'aider à s'émanciper de la domination financière de la bourgeoisie, revenait à « changer la vie » en profondeur. Une fois au pouvoir, la gauche contemporaine n'est pas parvenue à tenir fermement ses promesses. La tâche était trop complexe. Il lui aurait fallu refuser d'entrer dans le processus naissant de mondialisation, affirmer une résilience patriotique et surtout élaborer un modèle social et économique concurrent au capitalisme. Certes Marx avait été un théoricien fondamental, mais le logiciel élaboré au XIXe siècle ne suffisait plus à comprendre le monde contemporain. L'URSS a longtemps fait office de contre-modèle, mais par ses desseins mortifères et ses limites intérieures il s'est effondré sur lui-même.

Si Marx a su décrire les inégalités sociales et théoriser la lutte des classes, l'élaboration du contre-modèle au capitalisme moderne a manqué à la gauche française. Perdue entre son aile modérée, prônant l'acceptation du capitalisme mondialisé et la construction européenne, et son aile révolutionnaire souvent incantatoire et sans réelle alternative au système qu'elle combattait, la gauche est entrée dans une interminable errance intellectuelle.

Il y avait dans le gaullisme une forme singulière d'harmonie politique et philosophique, capable de tenir la France de bout en bout. Le capitalisme paternaliste, le patriotisme et l'indépendance de la France constituaient une architecture sociale et économique quasi inébranlable. Dès 1958, le général de Gaulle a su créer un système politique et institutionnel profondément équilibré, comme imprégné de la richesse du terreau culturel français, des jacqueries jusqu'à l'Ancien régime. La Ve République est un contrat unique de réconciliation du peuple au service de la France.

Face à cet édifice immense, la gauche n'a pas su trouver sa place. Un temps nostalgique de la IVe République, la SFIO a dû composer avec un système politique qu'elle n'a pas élaboré elle-même. Ambiguë sur la figure gaulliste de l'homme providentiel, elle a pourtant mis à sa tête François Mitterrand. Contrairement à l'image que l'on se fait de la gauche, l'homme de Jarnac avait en lui un rapport charnel à la terre de France et un réel élan patriotique. Il incarnait à sa manière une forme de « monarque républicain », comme on dirait aujourd'hui.

Je me suis toujours demandé s'il n'y avait pas chez Mitterrand davantage de patriotisme et de culture classique que de socialisme.

Au Parti communiste, Georges Marchais semblait incarner une forme pure et sincère de combat social au service du peuple. Par-delà une figure touchante et engagée, il était lui aussi un patriote relativement conservateur et attaché à la condition des gens modestes. Cependant, son rôle politique ne pouvait guère aller plus loin que celui de contestataire régulier, une sorte de chef de clan, d'orateur fougueux, dont on savait que jamais il ne pourrait conquérir le pouvoir ou l'exercer.

En mai 1968, ces deux gauches se sont unies. La postérité retient souvent de cette période les grands idéaux, les foules d'étudiants progressistes ou le refus de l'ordre gaulliste.

Pourtant 1968 était aussi l'année des mobilisations ouvrières et de l'espoir renouvelé du fameux « grand soir ». La gauche populaire luttait pour un monde meilleur, à l'usine, comme dans toutes les entreprises où les conditions de vie étaient pénibles pour les travailleurs.

Malheureusement, comme souvent avec les révolutions, ce sont les tartuffes et les opportunistes qui s'attribuent les mérites. À l'instar de Daniel Cohn Bendit ou de Romain Goupil, aujourd'hui tous deux macronistes, les leaders étudiants qui hurlaient « interdit d'interdire » furent pour beaucoup les promoteurs zélés de la mondialisation et de l'Europe néo-libérale. Si l'année 1968 était celle de la lutte sociale, elle fut surtout celle de la naissance d'une nouvelle gauche bourgeoise, capricieuse et francophobe. Il s'agissait en fait de l'an 0 de la gauche urbaine et déconstruite.

En prétendant libérer les Français du joug des structures traditionnelles (l'école, la famille, la religion), les apprentis sorciers de Mai 68 ont détruit l'indépendance nationale et le patriotisme pour offrir la France en pâture à ses ennemis.

Ces adolescents capricieux ont érigé le théâtre antifasciste contre tous ceux qui oseraient défendre le patriotisme et ont théorisé la fin des frontières nationales. Jamais le procès intellectuel de leurs méfaits n'a eu lieu, aujourd'hui encore, ils bénéficient d'une aura immense auprès de l'élite mondialiste. Le peuple français, pour lequel les soixante-huitards n'ont jamais éprouvé qu'un immense dégoût, les rejette aujourd'hui massivement.

Si les philosophes germanopratins et les étudiants bourgeois n'ont pas remporté les élections, ils ont gagné la mère des batailles. Leur influence culturelle n'a cessé de croître durant des décennies ; en France bien sûr, mais aussi dans le monde entier. Ils ont réussi leur pari. Peu à peu ils ont étouffé la gauche populaire, celle des villages, des petites villes et des usines dont ils ont cautionné les délocalisations.

Les jeunes idéologues de Mai 68 ont été le cheval de Troie du capitalisme mondialisé en France. Ils réclamaient la fin de la religion chrétienne, de la famille et du patriotisme ; cela tombe bien les élites mondiales aussi. Quoi de plus docile qu'une nation sans spiritualité, individualiste et sans frontières ? Quoi de plus lucratif qu'un peuple auquel on peut vendre n'importe quel objet inutile sans la résistance d'une quelconque autorité morale, d'un père, d'un curé ou d'un instituteur ?

Cette gauche moderne a finalement été le marchepied de tous ceux qui voulaient détruire la France, forte et combattante, que des siècles d'histoire avaient sculptée.

Il serait injuste d'attribuer à cette seule gauche sociétale les malheurs de la France contemporaine.

À droite, l'affaiblissement de la France s'est incarné différemment. L'arrivée au pouvoir de Valéry Giscard d'Estaing a marqué un premier virage dans le rapport qu'entretiennent les élites à la nation. Dès son élection en 1974, le nouveau président a choisi de rompre avec les codes et les symboles de la France puissante et combattante qu'incarnait le général de Gaulle. Par son refus de porter le traditionnel costume en queue-de-pie, son souhait de jouer la Marseillaise sur un rythme plus lent et un ton moins fort, d'adoucir le bleu de l'étendard français ou de donner des entretiens à la presse en anglais, Valéry Giscard d'Estaing a voulu s'éloigner de la notion de puissance française. Ces exemples pourraient s'apparenter à de simples détails protocolaires, s'ils n'étaient pas si symboliques de la phase de déclin qui s'amorçait alors en France.

Le même Valéry Giscard d'Estaing, contre l'avis des gaullistes historiques et après l'opposition tour à tour de Charles de Gaulle et de Georges Pompidou, acceptait l'élection du Parlement européen au suffrage universel direct. Pour en finir avec le rejet de la mesure par les gaullistes, le président va même aller jusqu'à saisir le Conseil constitutionnel pour valider cette réforme. Le septennat de Valéry Giscard d'Estaing est aussi celui de la désindustrialisation, du virage manqué de ce qui donnera naissance à internet et de la mise en place du regroupement familial.

Par la rupture avec l'affirmation patriotique gaulliste, la mise en œuvre de la désindustrialisation et le projet de construction européenne, Valéry Giscard d'Estaing a participé à affaiblir la France. En quelque sorte, il fut le premier président de la dynastie des mondialistes.

Si le peuple français a choisi François Mitterrand pour le représenter en 1981, c'est parce qu'il appartenait à la gauche bien sûr, une gauche sociale et engagée au service des acquis sociaux, mais aussi parce qu'il incarnait la France. Paradoxalement, la pratique du pouvoir de François Mitterrand relevait d'une logique plus gaullienne que celle de Valéry Giscard d'Estaing. De 1981 à 1983, le président élu a gouverné en homme de gauche. À rebours des autres pays occidentaux, le gouvernement de Pierre Mauroy a mené une politique économique de relance keynésienne. Par la loi du 13 février 1982, les 36 premières banques de dépôt ainsi que Suez et Paribas ont été nationalisées. Le SMIC fut augmenté de 10 %, les allocations de 20 à 25 %, tandis que l'impôt sur les grandes fortunes a été créé. Ce fut aussi le temps des grandes lois sociales, à l'instar des 39 heures, de la retraite à 60 ans ou encore de la 5e semaine de congés payés. Toutes ces mesures politiques, largement inspirées du programme commun, s'adressaient à la gauche populaire.

Malheureusement, la seule politique de relance keynésienne dépourvue de mesures de réindustrialisation était condamnée à l'échec. La balance commerciale française a été gravement déficitaire, l'endettement a bondi et François Mitterrand a été contraint d'engager le fameux « tournant de la rigueur » dès 1983. À la suite de cet échec économique de la gauche au pouvoir, les élections européennes de 1984 ont vu une percée du Front national et une large victoire du RPR.

La nomination de Laurent Fabius, le départ des ministres communistes et la signature de l'Acte unique européen quelques années plus tard, ont été autant de marqueurs des renoncements tragiques de la gauche au pouvoir. Par les nouveaux combats qu'elle s'est choisis : la construction européenne, l'adaptation à l'économie de marché et à la mondialisation, la gauche de gouvernement a perdu progressivement ses racines populaires. Le paroxysme de ce virage vers le mondialisme et les sujets sociétaux a eu lieu avec les années SOS Racisme, association largement sponsorisée par le pouvoir, et avec la signature du Traité de Maastricht en 1992.

Incapable de traiter le sujet de la mondialisation et du capitalisme financier, douchée par l'échec de la relance keynésienne, la gauche de gouvernement s'est montrée incapable d'enrayer le déclassement de la France. François Mitterrand fut le deuxième président de la dynastie des mondialistes.

La droite, par les cohabitations successives et sous les mandats de Jacques Chirac, a accompagné le déclin national. En encourageant la mondialisation, en préférant la ligne libérale et européiste d'Alain Juppé à la tradition gaulliste de Philippe Séguin, cette droite a renoncé à la France.

Au pouvoir, en dépit de quelques différences marginales sur les sujets sociaux et sociétaux, gauche et droite ont poursuivi les mêmes chimères tragiques pour le pays. La construction européenne et la perte de souveraineté nationale, la désindustrialisation par l'acceptation de la mondialisation et l'incapacité à prendre le virage de l'innovation technologique ont été les maux communs des gouvernements successifs. La France a perdu 2,5 millions d'emplois industriels depuis 1974, aujourd'hui les exportations françaises sont inférieures de 177 % aux exportations allemandes et le droit européen a « la primauté absolue sur le droit français ». En près d'un demi-siècle d'alternance, gauche et droite au pouvoir ont mis la France à genoux en trahissant leurs héritages patriotiques.

Quels que furent les gouvernements, le chemin de la mondialisation et de la construction européenne était tracé. Ceux qui osaient s'opposer à ces mantras étaient mis en minorité. Ce fut le cas de Philippe Séguin, de Jean-Pierre Chevènement ou de Philippe de Villiers. Les réfractaires n'avaient pas leur place dans la dynastie.

La tenaille mondialiste, de gauche comme de droite, est un élément majeur dans le déclin de la France dès la fin du XXe siècle. La droite a renié son héritage gaulliste de la souveraineté nationale et populaire, tandis que la gauche a renié l'héritage patriotique et universaliste qui lui avait été légué par Jean Jaurès.

Dans un article aux Marseillais en 1893, Jaurès avait ces mots, tragiquement oubliés par la gauche contemporaine : « Nous avons montré que la patrie française, gardienne de la liberté républicaine et de l'espérance socialiste, devait être protégée par nous contre toutes les agressions et toutes les humiliations, au nom même de l'humanité dont elle est la lumière et la force. »

L'abandon des racines françaises, de ses frontières et de sa souveraineté nationale a livré la gauche populaire au chaos. Les libérateurs de Mai 68, les idéologues de la mondialisation et les docteurs Folamour de l'Europe libérale, ont abandonné le peuple à la violence sourde des usines qui ferment, des règlements européens qui n'en finissent plus et de l'insécurité du coin de la rue.

Ma famille, dont le seul héritage était un puissant et merveilleux équilibre entre la culture française et l'idéal de gauche, a été flouée par ceux qui lui ont promis les lendemains qui chantent. Non seulement leur quotidien ne s'était pas amélioré, mais la culture qu'ils avaient participé à bâtir depuis des siècles s'évaporait sous leurs yeux.

Les renoncements de la gauche au pouvoir, associés aux prémices de la déconstruction des valeurs traditionnelles, ont signé l'arrêt de mort de la gauche populaire. Aujourd'hui, seuls 3 % des ouvriers votent pour les écologistes et 1 % pour le Parti socialiste[1].

Curieusement, je crois que j'aurais pu dresser le même constat si j'avais évolué dans un milieu bourgeois, catholique ou aristocratique. Le paradoxe de ce grand déclin français, au bénéfice de l'individualisme et de la mondialisation, est qu'il a autant détruit la gauche populaire que la droite patriote. Les tenants du mondialisme, de la construction européenne et de la déconstruction (il s'agit souvent des mêmes protagonistes) ont voulu assassiner Jaurès autant que de Gaulle. De Wall Street à *Libération*, d'Alain Minc à Jacques Attali et de Daniel Cohn-Bendit aux commissaires européens, leur cible a toujours été la même, la France.

1. Sondage IFOP, questionnaire auto-administré en ligne du 2 au 8 avril 2021.

Leur détestation quasi névrotique de la vieille patrie tricolore, ils l'adressent autant à une famille de huit enfants, retranchée dans son vieux château se rendant à la messe le dimanche, qu'aux gilets jaunes de province qu'ils méprisent tant.

Au fond, ces deux France, si différentes soient-elles, entravent leur projet fou. Par leur goût de l'entraide et de la solidarité, tandis que l'époque est à l'individu-roi, par leur aspiration révolutionnaire, tandis que nous en sommes aux bobos dociles et serviles, ils gênent la marche du nouveau monde.

Au contact de mes amis issus de ce milieu traditionnel, bourgeois et catholique, je comprends que par-delà nos histoires, nos parcours et nos idées, nous partageons ensemble le plus bel héritage, la France.

II

Enfant de la gauche

Tout là-haut, tout là-haut, loin de la route sûre,
Des fermes, des vallons, par-delà les coteaux,
Par-delà les forêts, les tapis de verdure,
Loin des derniers gazons foulés par les troupeaux,

On rencontre un lac sombre encaissé dans l'abîme
Que forment quelques pics désolés et neigeux ;
L'eau, nuit et jour, y dort dans un repos sublime,
Et n'interrompt jamais son silence orageux.

CHARLES BAUDELAIRE (1821-1867),
Incompatibilité.

Je n'ai connu ni Georges Marchais, ni les cellules du Parti communiste. Aussi profond et sensible qu'il a pu être pour moi, ce récit n'a jamais été qu'une histoire, proche et lointaine à la fois. Né en 1994, je suis trop jeune pour avoir connu la gauche populaire et patriote, que j'admire tant. Jaurès ou Proudhon ne sont que des statues figées et un peu chimériques. Je les contemple toujours intrigué et admiratif.

J'ai toujours détesté ceux qui, souvent d'un ton méprisant et dédaigneux, m'interdisaient de parler ou de rêver à un temps que je n'avais pas connu. Comme si j'étais illégitime à concevoir et ressentir tout ce qui précédait 1994. Qu'il faut être étroit d'esprit pour se borner à ne penser l'humanité que du haut de sa courte vie. Je me moque bien de cet air du temps qui assigne les êtres à une époque, à un sexe ou à une « race ».

La profondeur de l'histoire de la gauche s'est inscrite dans les paroles de mes anciens, dans certaines rencontres, les samedis de marché ou à l'arrière des camions de la CGT. Plusieurs décennies après le temps de la gauche populaire, j'ai perçu les héritages et les ruptures avec ce temps révolu. À travers chacun de mes interlocuteurs, j'ai touché du doigt la dilution et les contradictions d'une gauche, de plus en plus diffuse et incertaine.

Ma gauche est d'abord née d'un sentiment d'injustice. Dans le Bordeaux de mon enfance, à hauteur de mon regard de petit garçon, je remarquais des bancs publics un peu étranges. J'avais déjà vu toutes sortes de fauteuils et de sièges dans les jardins des camarades d'école, des amis ou de la famille, mais ceux-ci me paraissaient différents. On ne pouvait s'y allonger. Des accoudoirs séparaient les places assises, les rendant inconfortables à quiconque voulait s'y étendre de tout son long. À cet âge où l'on pose des questions à ses parents pour à peu près tout, je me souviens les avoir interrogés lors de nos promenades. Pourquoi donc ces accoudoirs empêchaient-ils de s'allonger sur les bancs ?

Cette remarque enfantine, si anecdotique et candide, suscita une réponse sans appel de leur part. Le maire d'alors, Alain Juppé, faisait en sorte que les mendiants ne puissent s'allonger. Nous trouvions cela injuste et cruel pour ceux qui n'ont que la rue pour domicile. Sans s'en rendre compte, l'enfant que j'étais connaissait l'un de ses premiers sentiments politiques.

Tout dans le « juppéisme » n'inspire qu'échecs et renoncements à l'adulte que je suis aujourd'hui. Enfant, j'ai découvert un maire trop impuissant pour secourir les clochards, préférant les empêcher de s'allonger. Aujourd'hui je vois en Alain Juppé un emblème du déclin national depuis 40 ans. Il concentre à lui seul toutes les erreurs de la classe politique dominante. L'ex-édile fait partie de ceux qui ont livré le pays à l'Europe de Maastricht, privatisé nos fleurons nationaux, laissé prospérer la déconstruction et promu l'immigration sans l'assimiler.

Très tôt, ma gauche est née de la contemplation de l'empathie, du souffle de générosité et de la puissance du partage. Ce sentiment est d'autant plus fort qu'il est ancré dans l'admiration profonde que j'éprouve à l'égard de ceux qui, dans ma famille, m'ont ouvert le chemin.

L'altruisme est une valeur qui ne peut s'ancrer en nous que par l'exemple. Enfant, je voyais souvent Yvonne, ma grand-mère maternelle, préparer toutes sortes de desserts pour nos voisins, rendre visite à ceux qui souffraient de la solitude et accueillir ses invités avec chaleur et bienveillance. Suzanne, ma grand-mère paternelle, partageait le peu qu'elle possédait et ouvrait sa porte à tous ceux que le sort avait laissés pour compte. Comme une lumière dans la nuit, ces deux femmes, profondément différentes, m'ont offert le legs le plus précieux de ma jeune existence, une part de leur humanité.

Si mon cœur les rassemble, tout distingue Yvonne et Suzanne. La première est née à la campagne dans une famille modeste et catholique du vignoble bordelais. Mère de famille dévouée aux siens, son mari était gaulliste, et elle aussi. La seconde a vécu en région parisienne, tour à tour concierge, ouvrière et femme de ménage. Ils étaient communistes.

À elles deux, elles sont la France ; urbaine ou provinciale, catholique ou athée, gaulliste ou communiste, mais profondément françaises. La grande histoire a tort d'opposer Yvonne et Suzanne. Elles ont tant en commun.

C'est peut-être par amour et loyauté pour elles que je suis aujourd'hui si dur avec ceux qui veulent que disparaisse cette France, la leur, la nôtre. Celle des pâtisseries le dimanche, de la messe de Noël, des repas de famille et des plaisanteries légères. Tout cela n'est ni un folklore, ni un récit abstrait, c'est une culture merveilleuse qui nous oblige, que l'on soit de gauche ou de droite.

Toute leur vie, Suzanne et Yvonne ont été des militantes. La première luttait pour un monde meilleur, les travailleurs étaient ses frères et sœurs, le partage et le refus de l'aliénation était son dessein. À l'usine comme avec les voisins, il fallait partager et s'unir. Lors des grèves, la paye ne tombait pas, il fallait aider. Suzanne cuisinait pour ses camarades et les repas étaient partagés. « Débrayer » à l'usine ou manifester n'étaient ni un folklore, ni un acte individuel. C'était une lutte collective. Un de ces moments où plusieurs personnes, dénuées de pouvoir, choisissent de monter sur l'estrade convoitée et bruyante du combat politique. En réclamant ensemble la justice sociale, ils créaient leur propre espoir. La grève était un acte collectif, de partage et de solidarité.

Yvonne n'a jamais fait grève. Dans sa France, ces choses ne se font pas. Chez elle, la cellule du parti s'appelait paroisse et le leader syndical se nommait curé. Pourtant, eux aussi militaient pour un monde meilleur. Comme dans la gauche populaire de Suzanne, on partageait et on s'entraidait. La quête de l'idéal s'incarnait dans la prière, dans la porte que l'on ouvrait aux nécessiteux, ou dans le soin que les bien-portants prodiguaient aux infirmes. On se battait contre la souffrance, la misère et le malheur. En cuisinant pour ses voisins, en ouvrant sa porte aux autres ou en rendant visite aux malades à l'hôpital, Yvonne faisait aussi de la politique.

L'une et l'autre agissaient à rebours de l'individualisme contemporain. Inscrites dans une histoire qui les dépasse, elles appartiennent à un ensemble qui transcende les clivages : la France. Au fond, par-delà leurs différences, Yvonne et Suzanne sont les deux faces d'une même pièce. Leur enracinement, leur sens du collectif ou de la famille ont fait d'elles, comme des millions de Français, les derniers tenants d'une patrie debout, solidaire et forte.

L'avènement, dès la fin du XXe siècle, de l'Occident mondialiste, capitaliste et post-national s'est attaqué en priorité à elles. Ces millions de Français de la paroisse ou de la cellule communiste furent les ennemis à abattre pour le nouveau monde. Dès la fin des années 1960, les déconstructeurs ont brossé le tableau d'un XXIe siècle individualiste, d'apparence libérale. L'Église comme la gauche populaire ont gêné les architectes du mondialisme. L'Église apportait un cadre moral incompatible avec la marchandisation de l'humanité tandis que la gauche populaire empêchait la dilution du collectif dans l'individualisme.

Depuis 50 ans, les catholiques français ont subi une campagne de dénigrement et d'ostracisation du débat savamment organisée par les leaders du nouveau monde. Universitaires, journalistes et hommes politiques ont raillé le catholicisme pour mieux le vider de sa substance. Du projet de loi Savary en 1984 aux journalistes de France Inter chantant « Jésus est pédé » en 2020, rien n'aura été épargné aux « cathos ». D'apparence subversive, la petite musique visant à ringardiser les chrétiens était en fait une grande symphonie, au service de l'effondrement de la spiritualité occidentale. Le but non-avoué de tous les déconstructeurs et « anti-cathos » n'était certainement pas de libérer les Français mais bien de les affaiblir pour mieux les confier à un nouveau maître spirituel. C'est ainsi que le néant a remplacé la Bible. Plus commode pour asservir les esprits, le mouvement de « dé-spiritualisation » de l'Occident a un but clair, rendre les hommes plus dociles ; engendrer des consommateurs individualistes et inquiets, fragiles et soumis.

Pour les mêmes raisons, l'idéal socialiste fut la cible des déconstructeurs. À la différence de l'offensive contre le catholicisme, l'élite mondialiste opéra avec plus de délicatesse pour renverser la gauche populaire et patriote. Le prolétariat français fut abreuvé de biens de consommation en tout genre, tandis que les combats de gauche furent préemptés par les élites mondialistes. Exit les grands combats sociaux, place aux luttes sociétales, téléguidées depuis les États-Unis. Les déconstructeurs ont ringardisé « la lutte des classes à la papa » comme ils ont ridiculisé les pratiques catholiques. La gauche des piquets de grèves devant les usines n'intéressait plus les beaux esprits, lui préférant la noblesse du combat féministe ou antiraciste. C'est ainsi que « la gauche Saint-Germain-des-Prés » a opéré une OPA sur le peuple ouvrier et rural, l'abandonnant à son triste sort. Incapable d'endiguer la désindustrialisation et l'exode rural, la gauche est devenue peu à peu urbaine, pseudo-intellectuelle et post-nationale. Cyniques et calculateurs, les dirigeants de la gauche au pouvoir ont adopté la mondialisation et l'économie de marché, tout en soutenant de façon inconditionnelle l'ensemble les revendications sociétales des élites.

Comme le catholicisme, la gauche populaire constituait une barrière rigide et encombrante pour l'avènement de la civilisation individualiste et mondialisée. Le curé en col romain, comme le leader syndical à moustache sont les ennemis du nouveau monde, les obstacles à abattre. Sans eux, plus d'églises pour souder les fidèles, plus de paroisses pour détourner les hommes de l'appât du gain, plus de cellules du parti pour dresser le peuple contre ses maîtres.

Pour s'infiltrer, l'idéologie mondialiste devait effondrer toutes les structures collectives : la famille, le Parti, l'Église ou la solidarité du village. Aujourd'hui dépossédée de son identité, la France est soumise aux vents mauvais, fragile et divisée. Plus vulnérable que jamais, elle entre dans le XXIe siècle errante et désarmée.

Le militantisme part toujours d'un sentiment. Celui-ci évolue au gré de nos vies, de notre histoire ou de l'évolution des événements du monde. Je n'ai pas connu cette gauche de l'enracinement et ce militantisme de la paroisse. Pour autant, dans l'enfance, je fus aussi confronté à une forme de combat social et collectif.

À l'image d'une société française « tertiarisée » (des métiers manuels vers les emplois de services), ma famille et moi étions, comme beaucoup de Français modestes ou des classes moyennes, loin de la France rurale ou ouvrière d'Yvonne et Suzanne. Les combats de mes parents étaient différents. L'âme de la lutte des classes demeurait présente, mais de façon plus abstraite, moins palpable.

Certes, nous marchions contre la précarité et pour la préservation des acquis sociaux, mais il ne s'agissait plus de lutter pour la préservation de l'emploi des parents, devant l'usine.

Avant-gardiste, mon père fut très tôt investi dans le combat écologiste. À la fin des années 1990, le dérèglement climatique semblait encore bien lointain. C'est par la porte de la paysannerie et du rejet de ce que nous appelions alors « l'agro-business » et la mondialisation que mon père s'investissait dans cette lutte militante. L'origine du combat écologiste, tel que mon père et ses camarades le vivaient, s'inscrivait en premier lieu dans le rejet de la mondialisation nord-américaine. Les grandes firmes multinationales (principalement des sociétés comme Monsanto, productrice d'OGM), étaient désignées comme l'ennemi des paysans et des consommateurs. Le commerce mondial, les fluctuations du cours des matières premières et le saccage de l'environnement qui en résultaient, voilà quels étaient les fléaux à combattre. Dans le sillage de José Bové, militant incarcéré à la suite du démontage du McDonald's de Millau en 1999, mon père participait au rassemblement de l'été 2003 sur le causse du Larzac. À moto, nous nous sommes rendus dans les mois et années qui ont suivi à plusieurs rassemblements en soutien aux faucheurs d'OGM qui comparaissaient devant les tribunaux. Enfant, je portais les pancartes sur lesquelles étaient inscrits les slogans des mobilisations : « Un autre monde est possible », « Le monde n'est pas une marchandise ».

Je garde une profonde tendresse pour ces heures passées à entendre des adultes un peu curieux refaire le monde et tenter de le rendre meilleur. Les uns proposaient que les décisions soient prises de façon collégiale, tandis que les autres réfléchissaient à faire revivre les petits villages du département, tout en consommant le fruit des récoltes locales. Il y avait dans cet élan localiste, inscrit dans le refus du monde capitaliste, une forme assez pure de combat social et écologique. Bien qu'un peu utopistes, ces adultes ressentaient l'impasse dans laquelle la mondialisation nous conduisait. Ils percevaient les dangers de la consommation de masse et les vertus d'une vie paisible et contemplative.

Les valeurs fondatrices de l'altermondialisme avaient quelque chose de précieux en cela qu'elles mettaient en lumière certaines failles du monde contemporain. Cette utopie de villages « autogérés », communautaires et libertaires était d'une candeur séduisante. Si cet idéal semblait imperméable aux réalités du monde, il contribuait à penser un contre-modèle face à une société de consommation froide et cruelle. Certes, le refus de l'appât du gain et le goût pour la vie simple de mon père et de ses amis faisaient d'eux des « marginaux » – comme on disait à l'époque – mais ils n'en demeuraient pas moins les éveilleurs de mon jeune esprit.

Ces premiers écologistes étaient différents des mineurs de Carmaux défendus par Jaurès. En un siècle, la France avait changé et le combat militant ne se justifiait plus par le désarroi et la misère. Les libertaires – comme ils aimaient à se définir – n'avaient connu ni guerre, ni famine, tout juste quelques grèves de la faim pour une cause qui leur était chère. Plus oisifs et moins pauvres que leurs ancêtres, ils avaient eu tout loisir de rêver à un monde meilleur, de le penser et d'en faire un projet politique. Bien qu'un peu naïve, la cause était noble.

Dans la continuité des luttes sociétales des années 1970-1980, ces premiers écologistes à moustaches (ils étaient majoritairement des hommes) avaient prôné une forme de rejet de l'autorité, du patriotisme et des structures en général. Néanmoins, ces militants étaient assez hétéroclites. Les uns se définissaient comme anarchistes et profondément athées, d'autres plutôt chrétiens et soucieux de la famille, tandis que certains étaient des conservateurs, franchement opposés aux évolutions sociétales. José Bové comme le philosophe Pierre Rabhi (aujourd'hui controversé dans les mouvements de défense de l'environnement et au-delà), tous deux fers de lance du mouvement écologiste, se prononçaient d'ailleurs ouvertement en défaveur de la PMA (Procréation médicalement assistée), le second était même opposé au mariage homosexuel.

Finalement ces premiers écologistes étaient plus girondins que centralisateurs, plus conservateurs que libéraux et plus souverainistes que mondialistes.

Par-delà le combat militant, ma gauche était aussi un environnement social, populaire. Moins directement politique mais plus profond, il y avait dans nos modes de vie les traits communs de la France provinciale.

Comme chez ces altermondialistes un peu utopistes, nous entretenions dans ma famille un rapport étroit avec la ruralité. À rebours de la gauche germanopratine, déconstruite et mondialiste, nos vies étaient enracinées. Cela s'incarnait particulièrement dans nos loisirs et nos voyages. Nous pratiquions ce que l'on appelle désormais le « tourisme vert ». Comme des millions de Français, nous ne partions pas à l'autre bout du monde pour les week-ends et les vacances scolaires, mais dans toutes sortes de régions de France. C'était le tourisme de la voiture qui s'élance à travers les départementales, façon *Grande vadrouille* (ce film que je n'arrêtais pas de regarder). Celui de la carte Michelin et des enfants auxquels on montre les merveilles de nos paysages par la fenêtre. Les étés nous partions sur les routes sinueuses de la Dordogne, du Lot ou de l'Aveyron. D'une pause-café à la terrasse d'un bistrot de village aux randonnées sur le GR10 avec ma mère, le monde s'apprenait et se découvrait dans la géographie et dans l'histoire. Comme une forme de continuité entre l'émotion et la découverte, ces pérégrinations avaient chez moi l'effet d'un puissant vecteur d'amour pour la France.

La nation n'a jamais été pour moi un concept abstrait. Le premier vecteur d'appartenance à mon pays fut la géographie. L'été nous partions avec ma mère sur les chemins herbeux des sommets du Pays basque. Il s'agissait de montagnes plutôt basses en altitude et souvent arrondies. Les guides de randonnées que l'on m'offrait à mes anniversaires évoquaient, non sans une certaine poésie, des bois de mélèzes, forêts de hêtres et autres bosquets d'ajoncs. Les phrases de ces livres résonnaient en moi, lorsque je les lisais des heures durant, blotti dans mon lit. Les promenades sur les « chemins de petite randonnée » (les PR, balisés en jaunes, comme il y en avait beaucoup en Pyrénées-Atlantiques) étaient des moments d'émoi et d'excitation pour l'enfant que j'étais. Il y avait dans la marche tout un lot de contemplation et de rêves.

Lorsque nous atteignions les redoutes napoléoniennes, j'imaginais l'empereur sur son cheval, guidant ses troupes. Face aux routes sinueuses qui franchissaient les montagnes pour rejoindre la vallée de La Bidassoa, en Espagne, je croyais voir les contrebandiers et leurs manigances. Le rêve s'entremêlait au réel, la géographie des sommets m'intimidait et les bruits de la montagne murmuraient leur curieux langage à mes oreilles. C'est ainsi que je compris à quel point l'enracinement sur une terre, ancestrale et façonnée par l'homme, pouvait générer une puissante transcendance. Du plus profond de nos êtres, nous étions troublés.

Comme la gauche, le patriotisme ne s'apprend pas dans les livres, ne se récite pas devant un drapeau et ne se résume pas à payer ses impôts. La vision contemporaine de la patrie, dans sa seule acception républicaine et politique est largement insuffisante. J'ai toujours eu en horreur les intellectuels, politiques et journalistes qui, pour désigner la France parlent de « la République ». Cette appellation n'a aucun sens. Personne qui traverse les Pyrénées, marche le long des ruisseaux du Poitou ou déambule dans les villages de Provence, ne songe : « Ah ! Ce que la République est belle ! »

Je me souviens des baignades d'été sur le bord du Lot. La rivière coulait le long du camping et nous allions près de l'eau gonfler le bateau pneumatique, tandis que les parents préparaient le pique-nique. En fin de journée venait le temps des promenades dans les rues de Saint-Geniez-d'Olt, des discussions avec les pêcheurs et du marché nocturne. Tout dans le souvenir de ces vacances m'évoque le bonheur et l'apaisement de la famille, la douceur des temps calmes et paisibles de notre vie provinciale. Enfant, je vivais, jusque dans ma chair, le lien indéfectible qui unit nos valeurs, à cet ancrage terrestre, historique.

Je serai éternellement reconnaissant à mes deux parents de m'avoir si jeune initié aux choses de la terre, du patrimoine et de l'histoire. Notre gauche, ne s'opposait pas à la France, elle faisait corps avec elle.

Alors que je n'avais pas dix ans, mon père, travailleur social (tour à tour auprès de toxicomanes, de sans domicile fixe et de « jeunes des quartiers ») prit la décision de « changer de vie », comme il aimait à le dire à l'époque. Soucieux de mettre en pratique ses idéaux politiques, il quitta son emploi d'éducateur pour s'installer comme maraîcher biologique. Sa décision me semblait radicale, mais rétrospectivement assez fidèle à sa personnalité. En quelques mois, il suivit une formation agricole (un Brevet professionnel responsable d'entreprise agricole - BPREA, à Sainte-Livrade dans le Lot-et-Garonne) et trouva dans la foulée un terrain de plus de trois hectares en fermage pour s'installer à son compte.

Dans un premier temps, l'enfant que j'étais fut réticent à cette décision. Je savais d'avance que mes camarades de classe se moqueraient de moi. J'entendais déjà leurs quolibets à la récréation : « ton père est un péquenaud », « Paul le fils de paysan » et autres enfantillages. À un âge où l'on aime ressembler aux autres, la décision de mon père ne me facilitait pas la tâche. Si sa position sociale d'alors ne me remplissait guère d'allégresse, je dois avouer y avoir finalement pris goût.

Dès le début de son aventure agricole, je fus impliqué dans son travail. J'étais en quelque sorte l'assistant personnel de mon agriculteur de père. Chaque semaine (je séchais régulièrement la classe pour venir travailler à ses côtés), je l'accompagnais à bord de son vieux Peugeot J5 dans ses pérégrinations. Un jour nous allions chercher un outil pour le tracteur en Lot-et-Garonne, un autre acheter de la semence en Charente, quand nous n'allions pas vendre nos fruits et légumes sur les marchés du département. À ses côtés durant toutes ces années nous vivions au rythme des saisons. L'été il fallait récolter, remplir des cageots entreposés au bout de sillons bien tracés. L'hiver, nous allions à Noaillan (c'était le nom de la commune où mon père cultivait) pour recouvrir en catastrophe les salades d'un voile protecteur afin d'éviter le gel. Parfois, nous travaillions à la lampe frontale lorsque les jours étaient trop courts.

À n'en pas douter, le moment que je préférais était celui de la vente de nos fruits et légumes. Bien que jeune, j'y avais toute ma place. Dès potron-minet le samedi, nous déchargions notre matériel sur la Place du 14-Juillet à Bègles. Il y avait les deux parasols qu'il fallait déplier sans se pincer les doigts (ils étaient très lourds), les tréteaux à installer pour former un arc de cercle (plus ou moins vaste selon les saisons) et la nappe de toile cirée verte. Puis venait une bonne demi-heure d'installation de nos produits. Les salades formaient des pyramides classées selon leurs variétés (les batavias, les feuilles de chêne, les laitues), les bottes de radis étaient disposées çà et là, tandis que les fruits étaient regroupés sur le côté droit de la table. La caisse, une simple boîte en métal, était déposée sur une cagette en bois sous laquelle nous mettions les sachets en papier qui servaient à emballer les produits, mais aussi, à noter de longues additions au crayon.

À la fin de la mise en place, mon père et moi faisions un pas de recul vers l'allée centrale du marché. Cela nous donnait à voir l'ouvrage bien fait. Un sentiment partagé de satisfaction nous envahissait. Nous partagions à cet instant les derniers réglages avant l'arrivée de nos premiers visiteurs : « Je vais peut-être tendre le parasol un peu plus haut et l'approcher. S'il pleut les clients seront abrités » ; « Mon fils, pourrais-tu aller faire de la monnaie au bar d'en face ? »

Très vite les premiers clients arrivaient. Mon père me laissait travailler tandis qu'il prenait son premier café au « Poulailler », bistrot qui avait l'avantage de donner immédiatement sur le marché. Françoise, la patronne, était une femme charmante, souvent enjouée et pleine d'égards à notre endroit. Elle était notre base arrière, toujours prête à nous fournir ce que nous avions oublié par mégarde, qu'il s'agisse d'un stylo, d'un peu de monnaie ou d'un siège supplémentaire.

Le Poulailler était aussi le repère de toute la gauche béglaise. *Le Monde diplo* ou *L'Huma dimanche* traînaient négligemment sur les tables. On n'y aurait jamais vu *Le Figaro*, journal bourgeois ! Bègles était une ancienne banlieue communiste. Même si Noël Mamère, édile bien connu et ancien candidat malheureux à la présidentielle, avait repris la mairie en 1989 à Bernard Moncla, le communiste.

Il flottait sur cette ville comme un parfum de liberté et de quiétude. Ce marché où je tenais la caisse, tandis qu'il était écrit « pique-niques autorisés » à la terrasse du café et qu'un vieil homme distribuait *L'Huma dimanche* et *Pif Gadget* avait tout de la gauche, et tout de la France.

Un samedi, un homme coiffé d'un chapeau se présenta devant notre table, une pile de tracts à la main. Tandis que nos clients faisaient la queue (il devait être dix heures, soit le moment de la journée où nous avions le plus de monde) l'homme alpaguait les uns et les autres. Voyant qu'il distribuait les prospectus du candidat UMP dans la commune, mon père le houspilla : « Qu'est-ce que tu fous là, va tracter plus loin ! Si tu veux, tu peux acheter les légumes mais ici on ne veut pas de la propagande des mecs de droite. » L'homme d'allure plutôt joviale tenta de raisonner mon père avec une certaine bonhomie, ce qui eut immédiatement l'effet de le faire redescendre. Alors qu'il finit par quitter notre stand, les clients continuaient à s'indigner de sa présence. Comment donc un homme de droite pouvait-il venir nous narguer de si près !

Quelques semaines plus tard, alors qu'il nous manquait un parasol pour protéger notre table, mon père fila trouver un généreux prêteur parmi les commerçants du marché. Je le vis revenir quelques minutes plus tard avec un parasol sous le bras, et l'homme au chapeau à ses côtés. Finalement on pouvait être de droite et solidaire ! Mon père et lui finirent amis et prenaient le café ensemble de temps en temps. Il n'y avait donc pas de fatalité à l'affrontement politique, même à Bègles !

Mon quartier, celui où j'ai grandi et où nous vivions tandis que mon père faisait les allers-retours à Noaillan, était proche du marché de Bègles. Nous habitions non loin de la gare Saint-Jean et les rues se ressemblaient toutes. Les échoppes, ces maisons typiquement bordelaises, avaient été bâties pour les cheminots de la gare. Comme les corons dans le Nord, elles avaient toutes le même ordonnancement. Le couloir desservait les différentes pièces et menait à un petit jardin de ville sur l'arrière de la maison. Quelques dizaines de mètres plus loin, le cours de la Marne partait de la Gare Saint-Jean jusqu'à la Place de la Victoire. Nous avions pour voisins plusieurs sex-shops, restaurants bon marché et même un cinéma érotique. Lorsque j'étais enfant, le quartier comptait principalement des personnes âgées, anciens cheminots et quelques familles modestes. On votait socialiste du plus loin que je me souvienne.

« Le quartier de la gare », comme les gens l'appelaient à l'époque, se modifia progressivement. Et du haut de mes vingt-huit ans, j'en perçois chacun des bouleversements. La pyramide des âges s'inversa assez radicalement sur les deux dernières décennies. Les jardinières bien ordonnées des vieilles dames disparurent, le terrain de pétanque fut amputé aux deux tiers et les voitures bannies. Nous assistions impuissants au « grand remplacement » des géraniums et rhododendrons par d'ignobles bacs en bois jonchés de mauvaises herbes. C'était l'arrivée des bobos. Comme Christophe Colomb, ils allaient évangéliser la Terre promise. L'échoppe moyenne passant en dix ans de 200 000 € à 400 000 €, les Indiens n'avaient d'autre choix que fuir à bord d'une voiture diesel vers un lotissement en proche banlieue. C'est ainsi que l'on punissait les prolétaires et autres classes moyennes, ces pollueurs du nouveau monde.

En moins de temps qu'il n'en faut pour ouvrir un sachet de quinoa, les nouveaux maîtres des lieux ont élu un maire écolo, lâché leurs enfants mal élevés dans les rues et interdits la voiture. Sauf lorsqu'ils prennent leur 4×4 pour aller sur le bassin d'Arcachon. Toisant les ruines de l'ancien monde, perchés sur leurs vélos cargos (d'immondes bicyclettes dotées de caisses en bois), ces cavaliers du bien triomphent tel César de retour de la Guerre des Gaules.

Depuis leur arrivée, les bars PMU ont fermé, les prix de la supérette ont doublé et des supermarchés et cavistes bio ont fait leur apparition. Ils ont gagné. Lors de la présidentielle de 2022, Jean-Luc Mélenchon y a réalisé 40 % des voix et Yannick Jadot près de 10 %. Ce sont eux la nouvelle gauche.

Lorsque je reviens dans le quartier de mon enfance, je contemple ce nouveau monde depuis la terrasse du dernier bistrot non aseptisé du quartier (je conserve ici son anonymat pour lui éviter la fermeture administrative ou une attaque de bobos voraces). À bien y regarder, je constate un curieux ballet d'hommes métrosexuels juchés sur leurs trottinettes, croisant de jeunes gens issus de l'immigration, à l'allure bien différente. Les seconds semblent transparents aux yeux des premiers et vice versa. Pour rencontrer la seconde catégorie, il faut se rendre chez le leader discount du quartier. Passé la porte du Lidl, un autre monde s'ouvre, différent des retraités de la SNCF de mon enfance, mais aussi des bobos à vélo. Ici, se côtoient des jeunes femmes voilées, de jeunes garçons élancés en survêtement et quelques clochards avinés. Sur le tapis roulant défilent des produits bon marché, des canettes de bière et de la viande halal. Ceux-là viennent en voiture ou munis de chariots qu'ils tirent sur plusieurs centaines de mètres. Eux n'ont pas les moyens de vivre dans les échoppes restaurées du quartier, mais sont installés dans des HLM de l'autre côté de la gare.

Je quitte souvent le quartier de mon enfance avec la nostalgie d'un temps déjà révolu. Les grandes villes de France ont bien changé, Bordeaux n'échappe pas à la règle.

Deuxième partie

Souffle de justice, désir de liberté

III

Mélenchon, mon idole

> La nation, en se défendant, défend toutes les familles, la liberté, la sécurité, la fierté de tous. Que tous répondent à l'appel. C'est la justice même qui crie vers eux. Ils ne désertent pas leur foyer : ils le protègent et l'ennoblissent, et d'ailleurs, pères, ils auront fait plus pour leurs enfants en leur assurant un avenir de liberté dans une patrie libre, qu'en leur ménageant, par une lâche tendresse, la protection précaire d'un chef de famille déshonoré, dans une nation asservie par sa faute et livrée par lui à tous les hasards.
>
> JEAN JAURÈS (1859-1914),
> *L'Armée nouvelle.*

Sauver le monde, c'est l'empêcher de n'être qu'un désert d'individus concurrents, seuls et dénués d'empathie. Du plus loin que je me souvienne, cet impératif a résonné en moi telle une voix, mystérieuse et perçante. C'est toujours le même ravissement, de voir une personne en aider une autre et contempler ainsi celui qui *suit son cœur*, comme l'écrivait Rousseau. L'inépuisable puissance du sentiment humain a quelque chose de magique et d'inexplicable. Quiconque conçoit l'homme en ignorant la nature n'entend rien à ces choses-là.

C'est ainsi que naît ma gauche. En ne cédant rien à ceux qui pensent que la misère est secondaire, et pour lesquels les inégalités sont un mal nécessaire, auquel la société devrait s'habituer. Il y a quelque chose d'insupportable à concevoir le fait que certains naissent pour servir docilement, tandis que d'autres concentrent les égards et le pouvoir. La quête d'idéal réside dans la résolution de cette injustice. De ce déséquilibre fondateur, naît le sentiment de révolte, qu'il s'incarne dans les jacqueries paysannes des temps anciens, ou dans le mouvement des gilets jaunes. C'est ici le creuset de la gauche. Prendre le parti de ceux qui subissent les déséquilibres du monde et que les puissants condamnent au silence. En cela, la souveraineté populaire est le préalable à toute organisation politique digne de ce nom.

Lorsque l'on pose ainsi les bases du combat de gauche, on comprend mieux le ridicule et la fumisterie de l'idéologie bobo-écolo prétendant incarner la gauche contemporaine. Loin d'être les compagnons de route des luttes populaires, ils sont souvent les premiers ennemis du peuple lorsque celui-ci a l'outrecuidance de s'exprimer (en témoigne le mépris des bobos urbains à l'endroit des gilets jaunes en 2018).

Alors que débutait mon engagement politique, un homme a su magnifier ce combat social et historique. De la fondation du Parti de gauche à la campagne de 2012, Jean-Luc Mélenchon incarnait à mes yeux une sorte de guide. Sa personnalité avait quelque chose de touchant et d'incarné. Cet homme me semblait imprégné d'une profonde culture historique, politique et philosophique. Il avait l'exceptionnelle faculté de savoir lier entre elles les émotions qui traversaient le peuple de gauche. Son discours était inventif et porteur d'espoir. À cette époque, je ne manquais aucune de ses interviews. Mes préférées étant celles où il ne parlait pas de politique mais de ses choix littéraires ou musicaux. Je suis de ceux qui pensent que l'on apprend davantage d'une personne par ses goûts que par ses discours politiques. Le fondateur du Parti de gauche disait aimer le chef-d'œuvre de Michel Tournier, *Vendredi ou les Limbes du Pacifique* et confiait écouter Mozart à ses heures perdues. Je trouvais en lui, plus que chez aucun autre homme politique d'aujourd'hui, un compagnon captivant et éclairé. À l'heure des politiciens sans aspérités, dénués de profondeur intellectuelle, Jean-Luc Mélenchon détonnait sérieusement dans le paysage. L'homme savait conter la France de Philippe le Bel (les débuts de la laïcité), décrire la formation de l'État sous Louis XI et se prenait de passion lorsqu'il évoquait Robespierre et la grande Révolution. Lui-même disait tenir son goût de l'histoire de France de l'apprentissage du latin et de la découverte de Rome et de Tite-Live.

Il me montrait à quel point la connaissance de l'histoire est essentielle pour quiconque prétend être un homme d'État français. Sa capacité à réaliser la jonction entre les personnages et auteurs classiques et l'époque contemporaine me fascinait. Aucun autre candidat, qu'il s'agisse de Nicolas Sarkozy, de François Hollande ou de Marine Le Pen n'avait une telle érudition. La profondeur avec laquelle Jean-Luc Mélenchon pensait le pays était elle aussi remarquable. Tandis que depuis quelques décennies, tous les hommes politiques n'avaient de cesse lors de leurs interventions de singer les comptables de Bercy (rapportant ici les chiffres du PIB, là le niveau de déficit et dissertant des heures sur la CSG), le tribun Mélenchon savait remettre le politique au cœur. À l'écouter, on se prenait à imaginer un monde meilleur, à croire que l'élu pourrait de nouveau incarner la voix du peuple et défendre ses intérêts. Il était séduisant et malgré ce qu'il pouvait dire, sa façon d'être était profondément française.

Inspiré par le talent et la profondeur de Jean-Luc Mélenchon (et parce que l'on se construit souvent, à 16 ans avec des modèles), je me suis pris à l'imiter. Comme lui, je me passionnais pour l'histoire politique et je souhaitais utiliser mes connaissances pour mieux accomplir mes desseins politiques. L'éloquence, l'érudition et la volonté d'en découdre avec les oppresseurs du peuple étaient des traits de caractère que je rêvais d'avoir.

L'itinéraire classique (voir initiatique) d'un enfant de la gauche est celui de la révolte. Je parle ici de l'esprit de contestation d'un système, de ses rigidités ou des injustices qu'il peut générer. La construction mentale d'un adolescent dont les parents sont de gauche passe nécessairement par une remise en cause de l'ordre ou *a minima* du filtre de « l'esprit critique ». Avec une question préalable à toute directive émanant d'un dépositaire de l'autorité : « Cela est-il juste ? Est-ce moralement acceptable ? » Si d'apparence ces questions semblent faire courir le risque d'une insubordination chronique, et parfois injustifiée, l'absence d'esprit critique et l'acceptation de l'ordre de façon systématique ne sont que pure folie.

Ma première « révolte » prit corps dans la contestation de la réforme des retraites, voulue par Nicolas Sarkozy en 2010. Celui que l'on percevait chez moi comme un défenseur du capitalisme, oppresseur des gens modestes et soucieux de protéger les intérêts des plus riches, était une sorte d'épouvantail effrayant. Alors que je découvrais Marx, Engels et Proudhon, la transposition d'une pensée socialiste sur ce début de XXIe siècle, attisait ma fronde contre les réformes sarkozystes. Jeune lecteur d'Arendt et de sa *Condition de l'homme moderne* je ne m'expliquais pas que l'on veuille prendre aux hommes leur droit à la *vita contemplativa*. La vie active me paraissait si dure pour les amis de mes parents qui travaillaient la terre ou dans le bâtiment, que je ne comprenais pas que l'on veuille prolonger cela davantage.

Ce sentiment d'injustice était authentiquement de gauche, et provenait de plusieurs facteurs, plus ou moins conscients. Lorsque l'on s'attarde sur la vie de ceux qui souffrent de leur labeur et que cela se lit sur leurs visages ou dans leurs mots, les sentiments s'emparent de l'esprit, et finissent par ne faire qu'un. Puis advient le temps de la rationalisation du sentiment, de son explication logique, alimentée par un apport de connaissance. C'est à ce moment-là que s'érige le choix final du combat politique et que s'enracine la conviction d'agir.

Même s'il faut bien admettre qu'à 16 ans, la part de sentiment l'emporte largement sur sa rationalisation. Avec un petit groupe d'amis, nous décidions d'organiser le blocage du Lycée François Magendie à Bordeaux, et de converger vers les cortèges de manifestants dans le centre-ville. Il s'agissait alors de se rendre dès l'aube aux portes de l'établissement afin d'y placer des cadenas et autres antivols (dédiés le reste de l'année à nos vélos ou scooters), ainsi qu'un amoncellement méthodique de poubelles. S'ensuivait un moment « d'information » de nos camarades de classe qui n'avaient pas pris part à la mise en place de ces barricades de fortune, que nous dissuadions de forcer le passage. La plupart repartaient chez eux, bien contents de manquer la classe pour une bonne raison. Bon nombre de professeurs nous apportaient leur soutien en ne relevant pas les absences, voire prenaient part aux mobilisations devant le bâtiment. Ce désordre suscitait quelque chose de l'ordre de l'espoir en nos jeunes esprits. Par nos actions, nous avions l'illusoire sentiment que tout pouvait basculer, que le gouvernement reviendrait sur ses positions, qu'une écrasante majorité de Français refuserait de repousser l'âge de départ à la retraite, et que Proudhon et Arendt nous observaient de là-haut, plaçant leurs espoirs en nous.

Tel Jean-Luc Mélenchon, mon modèle d'alors, je marchais en tête du cortège. La foule qui convergeait vers la Place Pey Berland, en face de l'hôtel de ville, me semblait immense. Pour la première fois, les journalistes tendaient leurs micros vers moi, afin de recueillir le témoignage du jeune lycéen que j'étais, affublé du titre de « responsable de la mobilisation lycéenne ». On est parfois bien prétentieux à l'adolescence. Le stress de la caméra s'effaçait devant la volonté de se faire une place dans ce mouvement, et d'être enfin le héros social des légendes de la gauche. J'éprouvais une certaine fierté à expliquer à ces journalistes que nous étions un mouvement spontané, c'est-à-dire non inféodé à des structures syndicales ou politiques. Annoncer les chiffres des mobilisations (du moins ceux qui circulaient dans nos rangs, probablement bien éloignés du réel) était toujours un moment solennel, je prenais un ton sérieux et assuré, qui correspondait bien à mon désir de convaincre l'auditoire. Il fallait que tous les téléspectateurs des chaînes de télévision locales sachent l'ampleur du mouvement qui s'amorçait.

Il n'y avait dans ces cortèges ni dégradations, ni violences. Les syndicats et leurs services d'ordre veillaient à la bonne tenue des évènements et se chargeaient d'écarter les éléments perturbateurs souvent issus de l'extrême gauche. Ces vastes mobilisations, qui réunissaient des millions de personnes à travers le pays sans heurts et avec des revendications claires, montraient que les Français étaient un peuple éminemment politique.

En avril 2010, un sondage commandé par l'IFOP montrait que les deux tiers des Français étaient favorables au maintien de l'âge de départ en retraite à 60 ans. En mai 2010, ils étaient encore deux tiers à se déclarer prêts à se mobiliser contre la réforme. Malgré la fréquence des mobilisations, la taille des cortèges et l'écrasante opposition des Français, le mouvement ne parvint pas à infléchir la position de l'exécutif sarkozyste.

Douze années plus tard, je mesure à quel point cette façon d'ignorer les revendications populaires par le politique a abîmé notre pays. Durant des années, les mobilisations pacifiques, les tentatives de négociations syndicales et les enquêtes d'opinion n'ont pas eu d'effet sur les arbitrages politiques. La réduction de la démocratie aux seules élections de représentants, faisant fi des contre-pouvoirs démocratiques (syndicalisme, associations, recours aux référendums, etc.) a conduit le pays au chaos social. Épuisé de ne pas se faire entendre en 2005, lors du référendum sur la constitution européenne, ou en 2010, sur la réforme des retraites, le peuple français a été contraint à des mobilisations témoignant de la rupture avec le pouvoir politique. Le mouvement des gilets jaunes en 2018 est en cela le meilleur exemple de la lassitude vis-à-vis de l'impuissance des contre-pouvoirs traditionnels. L'occupation de ronds-points, la levée des barrières de péages et les défilés sur les Champs-Élysées furent des symboles bruyants de décennies d'ignorance du peuple par le pouvoir. Emmanuel Macron ne s'y est d'ailleurs pas trompé, en consacrant plus d'avancées sociales aux gilets jaunes que les syndicats ou partis politiques n'avaient pu en obtenir jadis pacifiquement. La peur de la violence du peuple fut un moteur plus efficace pour le président que la juste prise en compte de la souveraineté populaire, pacifiquement exprimée. Il s'agit là d'un signal terrible, celui du déni de la démocratie.

Je ne réalisais pas, à l'époque, que Nicolas Sarkozy était l'homme de son temps. Comme Emmanuel Macron aujourd'hui, il ignorait sciemment les misères du peuple. À la façon dont certains détournent le regard lorsqu'un mendiant leur tend la main dans la rue, il feignait de ne rien entendre, de ne rien voir. Certes les conséquences de ces lâchetés sont funestes, mais qu'importe. Les hommes de leur temps se fichent des conséquences de leurs actes, pourvu qu'ils en tirent quelques bénéfices.

Abasourdi par tant de cynisme, je m'en remettais à Jean-Luc Mélenchon. L'homme paraissait plus sincère, plus cultivé et plus bienveillant que tous les autres. Lui ne semblait rien ignorer des sentiments qui traversaient le peuple. Par la profondeur historique de son discours, par la portée politique de ses propos, et par la fidélité à ses convictions, il semblait imperméable aux errements de l'époque.

Comme son mentor François Mitterrand, il se montrait particulièrement hostile à la Ve République. Si l'ancien président était un nostalgique de la IVe, Jean-Luc Mélenchon, lui, en proposait une VIe. Ironiquement, les deux hommes partageaient un exercice du pouvoir pleinement ancré dans l'essence même de la Ve République, telle que le général de Gaulle l'avait pensée. Si l'on imagine aisément Lionel Jospin ou François Hollande dans des régimes parlementaires dénués d'hommes providentiels, on ne se figurerait pas Jean-Luc Mélenchon ou François Mitterrand dans d'autres habits que ceux légués par le général de Gaulle (même s'ils demeurent trop grands pour eux). Cette figure providentielle de Jean-Luc Mélenchon n'était pas pour me déplaire. J'ai toujours eu la conviction que les grands hommes étaient trop exceptionnels pour se fondre dans des schémas qui les noyaient. En l'occurrence ceux que proposait le nouveau monde me paraissaient insipides et dénués d'intérêt.

Le génie de Jean-Luc Mélenchon était de parler avec les mots d'un chef révolutionnaire d'Amérique du Sud, tout en étant le produit de l'histoire politique française, de Robespierre à Victor Hugo. Séduit par ce représentant de la gauche, auquel je ne voyais à l'époque aucun défaut, je m'empressais d'assister à chacune de ses réunions publiques en Gironde.

Le 1er décembre 2011, alors que le leader du Front de gauche tenait meeting à Talence, près de Bordeaux, je décidais avec mon ami Maxime d'aller à sa rencontre. Après plusieurs minutes à vélo depuis Bordeaux pour rallier la Médoquine, salle de concert désormais détruite, nous arrivions à l'entrée du bâtiment. L'évènement attirait une foule dense et enthousiaste qui se massait devant les portes de l'édifice, orné d'une sorte de cage métallique plutôt disgracieuse. À l'intérieur, des milliers de militants et sympathisants étaient venus écouter Jean-Luc Mélenchon déployer sa faconde déjà légendaire. Mon ami Maxime et moi-même parvenions à nous hisser au premier rang du meeting, afin d'être au plus près de notre idole. Une marée de drapeaux rouges flottait dans la salle comble, et nous ne manquions pas de nous munir du nôtre. Il n'y avait pas, dans l'organisation de cet événement, d'espace réservé aux élus ou autres « VIP », ce qui nous permettait de nous fondre dans ce public hétérogène et compact, au plus près de la scène. Lorsque Jean-Luc Mélenchon pénétra dans la salle, les acclamations redoublèrent de ferveur à tel point que je n'avais jamais entendu cela auparavant. Cet élan semblait si spontané et authentique, que je pensais que l'homme, par sa seule présence, savait générer auprès de mes camarades le même sentiment euphorique qu'il suscitait en moi.

Quelques minutes après avoir remercié les participants, Jean-Luc Mélenchon introduisait son propos ainsi : « L'humanité universelle est menacée dans sa civilisation à l'échelle de la planète, parce que notre terre est malade du capitalisme, et le capitalisme rend malade la terre par le productivisme. » Je recevais ces mots comme un écho à tous les textes de la gauche, qui étaient autant de repères sur le chemin intellectuel du jeune homme que j'étais. Il s'inscrivait alors dans les pas de Proudhon lorsqu'il critiquait la concurrence et le profit, tout cela me paraissait d'une profonde cohérence.

Dès sa descente de la scène, nous tendions nos mains vers Jean-Luc Mélenchon, espérant croiser son regard. Celui-ci s'approchait de nous avant d'échanger quelques mots, aimable et avenant. Quelques jours plus tard, alors que nous allions acheter *L'Humanité Dimanche* avec mon père, j'eus la surprise de figurer à la Une du magazine avec mon ami Maxime, immortalisés dans une scène de liesse, les regards absorbés par la verve du tribun.

Tout cela m'avait convaincu de poursuivre mes études et de participer à mon tour à cette vie intellectuelle et politique à laquelle je rêvais tant. Comme des millions de lycéens, enfants de prolétaires ou de classes moyennes, je n'avais pas idée du chemin à emprunter pour accéder aux cénacles de ceux qui font les idées ou la politique. Une petite part de jeunes Français ont eu la chance de voyager à l'étranger, de se rendre à l'opéra en famille ou encore d'avoir des parents qui ont « passé un coup de fil » afin de solliciter l'appui d'une relation. J'appartenais à l'immense majorité qui ne bénéficiait pas de tout cela, mais le chemin à parcourir ne faisait que renforcer ma volonté.

Quelques mois après les mobilisations contre la réforme des retraites et les meetings de Jean-Luc Mélenchon, je décidais de me rendre au bureau du « Conseiller d'orientation psychologue » de mon lycée. Je voyais en lui la seule personne en mesure de m'éclairer sur mon avenir. Deux semaines avant de le consulter, j'avais lu qu'une école nommée Sciences Po proposait des cursus à ceux qui s'intéressaient à la politique. Je saisissais l'occasion d'approfondir le sujet auprès de ce « COP », comme le désignait la petite plaque vissée sur la porte de son bureau. D'emblée, j'interrogeais l'homme sur les contenus du parcours de la prestigieuse école. Je me souviens l'avoir vu froncer les sourcils, un peu interdit face à la question. Il ne s'avérait pas en mesure de me dire grand-chose sur ce premier point. Le questionnant ensuite sur les conditions d'entrée à Sciences Po, je comprenais qu'il n'en savait absolument rien. Tout juste était-il capable de me dire que mon niveau d'orthographe était déterminant. Pour la dernière partie de notre entretien, le COP, qui pensait sûrement me convaincre par le poids de ses arguments, s'emportait sur la pertinence des parcours de BTS pour « mon profil ». En refermant la porte, je comprenais que les informations sur le concours d'entrée se trouvaient probablement ailleurs.

Soucieux de bien faire, nous allions dès le lendemain avec ma mère dans une librairie du centre-ville afin de nous procurer tous les livres indiquant les « méthodes de travail pour intégrer un Institut d'études politiques ». Il y avait pléthore d'ouvrages de ce type aux couvertures toutes attrayantes. Après une sélection un peu à l'aveugle, je me mettais à ma table pour les consulter avec boulimie, et ainsi mettre toutes les chances de mon côté pour intégrer l'école. Durant ces mois de préparation du concours, je ne manquais pas de me nourrir des débats télévisés de Jean-Luc Mélenchon, mon idole.

À l'exception de lui et de Marine Le Pen (pour laquelle je n'avais aucune sympathie ou adhésion naturelle), les candidats me paraissaient insincères, techniques ou comptables. François Hollande, homme de synthèse et de parti, ne me semblait pas incarner la gauche en laquelle je croyais. Derrière son air bonhomme, il semblait indifférent à la plupart des grandes préoccupations du peuple de gauche. Certes, il avait déclaré prendre la finance pour ennemi dans un meeting fameux au Bourget, mais je doutais de la sincérité de ce propos. J'ai toujours eu le sentiment que lui et Nicolas Sarkozy étaient faits du même bois. Ces hommes aimaient les débats de comptables, les slogans de communicants et les formules creuses. À la différence de mes modèles d'antan (le général de Gaulle et Jean Jaurès entre autres), les deux semblaient dénués de culture philosophique, d'amour pour les lettres et pour l'histoire. Incapables d'élever le débat au niveau de notre civilisation, les hommes politiques avaient depuis quelques années la fâcheuse habitude de revêtir les habits de super-technocrates, coachés par des consultants en communication rémunérés à vil prix. Jean-Luc Mélenchon échappait à cette règle. Son érudition et son apparente sincérité au cours des débats en faisaient un homme irrésistiblement convaincant, révélant dans le même temps la tiédeur de ses contradicteurs.

En 2012, le programme du candidat Mélenchon était authentiquement ancré à gauche. Il proposait la « planification écologique », la refondation républicaine et laïque des institutions et la sortie du Traité de Lisbonne (ce qui séduisait le souverainiste en herbe que j'étais alors). Pour ce qui était des sujets dits « de société », le candidat du Front de gauche en parlait peu lors de ses réunions publiques. Quelques mois avant sa campagne, alors qu'il était interrogé sur une candidate du parti d'Olivier Besancenot voilée, Jean-Luc Mélenchon déclarait : « En ce moment, on a le sentiment que les gens vont au-devant des stigmatisations :

ils se stigmatisent eux-mêmes – car qu'est-ce que porter le voile, si ce n'est s'infliger un stigmate – et se plaignent ensuite de la stigmatisation dont ils se sentent victimes. » Fidèle à la tradition de gauche selon laquelle la religion est l'opium du peuple, Jean-Luc Mélenchon était admirable de cohérence.

Sous la Ve République, les campagnes présidentielles se fondent sur l'émergence de personnalités puissantes, qui parviennent à transpercer le débat et finissent par se faire une place dans le salon des Français. C'est une rencontre passionnelle avec un peuple politique. Un cérémonial laïc, où les Français choisissent le descendant fantasmé de Louis XIV, de Bonaparte ou de De Gaulle. Le peuple n'élit pas seulement celui qui conduit et dirige les affaires du pays, mais exerce sa souveraineté et oriente la destinée d'une nation millénaire. Il affirme sa force populaire par le rapport unique et ambigu qu'il entretient avec le pouvoir.

La France est ce pays extraordinaire qui a décapité le monarque de droit divin, sans jamais totalement parvenir à l'oublier. L'unique et profond changement de paradigme avec la monarchie et le bonapartisme réside dans l'expression de la souveraineté populaire par le vote. Le peuple désigne ainsi l'un des siens comme dépositaire quasi exclusif de son pouvoir politique. Pour s'en montrer digne, l'élu doit savoir emprunter le chemin tracé par ses ancêtres.

Conscient de ce poids de l'histoire politique nationale, je vivais l'élection de François Hollande en 2012 comme une anomalie de la Ve République. Le concept même de « présidence normale », promue par le candidat, me paraissait un contresens évident avec notre histoire. Je ne croyais pas à la capacité de cet homme à exercer le pouvoir. S'il semblait drôle et sympathique, l'ancien premier secrétaire du Parti socialiste n'avait rien de l'idée que je me faisais d'un président. C'était un être consensuel et tiède, dont le plus grand talent semblait être celui de la tactique politicienne.

Il n'empêche que le peuple souverain s'était prononcé en sa faveur, et que Jean-Luc Mélenchon avait perdu. Je trouvais mon idole digne dans l'échec. Courageux, il décidait de se présenter aux élections législatives à Hénin-Beaumont, terre de cette France populaire pour laquelle je m'inquiétais et que j'admirais tant. D'évidence, c'était bien là-bas qu'un leader de gauche avait sa place. Le tribun fut défait. Je ne savais pas encore à cette époque que la gauche avait déjà perdu le petit peuple de France, les anciens fiefs industriels, la ruralité.

Si je ne parvenais pas à lire pleinement le basculement politique qui s'opérait en France, je comprenais que la social-démocratie n'aurait pas le droit à l'erreur une fois au pouvoir. La gauche était désormais incarnée par François Hollande. Pendant les cinq prochaines années, je devais me résoudre à l'expression du peuple, il avait tranché.

IV

S'affranchir et marcher

> Depuis le début de l'ère industrielle, il a fallu assurer l'organisation des travailleurs contre les modernes seigneurs qui, grâce à l'accumulation du capital, sont devenus les maîtres des moyens de production et d'échange. Le plus frappant, dans ce processus, est peut-être de voir avec quelle justesse un petit nombre de théoriciens et de militants, écrasés et moqués, réduits à la misère, ont su l'annoncer. La seule réponse au monde industriel, depuis cent cinquante ans, ce sont les socialistes qui la donnent, et nous avons le droit de nous en émerveiller.
>
> FRANÇOIS MITTERRAND (1916-1996), *Discours aux assises du socialisme*, le 12 octobre 1974.

Moi, l'enfant né sans fortune, loin des lieux de pouvoir, je rêvais d'être au plus près de ceux qui faisaient la France. Je voulais actionner à mon tour cette grande roue de l'histoire, que je lisais dans les livres. À seulement 17 ans, le monde politique et celui des grandes écoles m'apparaissaient comme des chimères, intimidantes et lointaines. D'évidence, ni moi, ni les gens que j'aimais n'avions eu la moindre place dans les cénacles du pouvoir. Je comprenais à l'époque que l'Université était la première marche d'un long parcours initiatique vers ces mondes que j'imaginais sans connaître.

Je voyais Sciences Po tel un sanctuaire interdit. À la façon dont on regarde une Ferrari au Salon de l'auto, cette école me paraissait être un horizon mensonger, une sorte d'objet dont seul le fantasme était autorisé aux gens comme moi. C'était comme si les « Instituts d'Études Politiques » avaient été créés pour dire au bon peuple : « Vous voyez bien que vos enfants peuvent réussir, tout le monde peut y entrer ! À condition de le mériter. » Cette perspective n'était pas pour me rassurer.

Le jour du concours, ma mère et moi étions inquiets. Plusieurs centaines d'élèves convergeaient en direction des salles où se tenaient les épreuves. Cette foule de jeunes gens issus des quatre coins de la France nous impressionnait. C'était comme si ma mère et moi passions le premier concours d'une grande école de notre vie. Il se trouve que c'était réellement le cas. Le sujet sur lequel j'étais interrogé pour la fameuse épreuve de « culture générale » m'était familier. Je devais plancher sur « les grands défis posés par l'environnement aux hommes et sociétés contemporaines ». Avec un père fan de José Bové, une enfance passée entre faucheurs d'OGM et militants de la gauche écologiste, disons que la providence m'avait soigné.

Comme tout élève soucieux de son avenir académique, j'attendais les mois suivants les résultats du concours avec une certaine fébrilité. Sachant qu'environ 95 % des candidats échouaient à intégrer la prestigieuse école, je sentais que mes parents peinaient à croire que je puisse faire partie des 5 % d'heureux élus. Il y avait dans notre appréhension à tous de l'échec une forme de bonhomie et de gentillesse, inhérente à la gauche des gens simples. Mes parents ne poussaient pas les enfants à la réussite sociale ou académique. La perspective d'échouer au concours les poussait davantage à la consolation et à l'excuse, qu'à la revanche ou à la combativité. C'était à la fois réconfortant et un peu déroutant, surtout pour un jeune homme ambitieux.

Contre toute attente, l'été 2012 fut libérateur. Rechargeant frénétiquement la page internet des résultats du concours d'entrée, j'eus l'immense soulagement de figurer en 24e place sur la « liste d'attente » des admis. Cela signifiait que j'étais retenu pour intégrer Sciences Po Bordeaux, car dans les faits plus de 50 élèves en liste complémentaire seraient finalement admis, eu égard aux désistements des admis en liste principale. Cette nouvelle me remplissait de joie. Je comprenais que pour la première fois, j'allais étudier les idées, l'histoire et la politique, et ainsi me frayer un chemin dans ce monde qui m'intriguait et m'était inconnu. En quelques minutes, je savais que ma vie allait changer. C'est ainsi, lorsque l'on passe d'un monde à un autre. À la façon du franchissement d'une porte, je sortais d'une pièce pour en rejoindre une nouvelle. Je quittais tout à la fois le monde de l'enfance, modeste et tendre, qui avait été la mienne, mais aussi ma condition sociale. Je croyais savoir qu'une large majorité d'étudiants des grandes écoles étaient issus de bonnes familles. En cela, j'avais le sentiment d'être une sorte de resquilleur, admis grâce à la providence ou à un coup de théâtre dont je n'étais qu'un figurant.

Le jour des résultats, alors que nous arrivions avec mon père à bord de sa vielle Ford Focus dans notre rue, les voisins se pressaient pour venir me féliciter à la vitre de la voiture. Cette scène avait des airs de caravane du Tour de France, avec coups de klaxons et spectateurs aux fenêtres. Alors que les voisins et amis se hâtaient de nous rejoindre dans le salon qui donnait sur la rue, et que nous débouchions les premières bouteilles, je croyais déceler un éclair de fierté dans l'œil de mon père. Lui, l'homme de gauche, pourfendeur des grandes écoles et du « système » semblait malgré tout se réjouir pour son fils. J'ignorais d'où lui venait cet air tendre et jovial, mais j'étais heureux.

Ma mère, femme pudique et élégante à son habitude, ne dissimulait ni sa joie, ni sa fierté à l'égard de son fils. Celle qui m'avait accompagné dans toutes mes aventures, sans penser que j'obtiendrais le précieux sésame, semblait comblée et soulagée. Comme toutes les bonnes mères, elle ne pensait pas tant aux conséquences que l'admission allait avoir sur ma future carrière, qu'au bonheur de savoir son fils « sur la bonne voie et loin du danger ».

Rétrospectivement, les scènes de joie et de fierté qu'une école de la République (publique et gratuite) suscitait en nous avaient quelque chose de grandiose. Comme une sorte de promesse d'égalité surannée et profondément française. Sans invoquer des termes galvaudés comme « la méritocratie républicaine », il était tout de même heureux que des enfants issus de l'école publique, boursiers et provinciaux, puissent accéder à une grande école. C'était peut-être aussi dans cet idéal d'éducation et de fierté populaire que la gauche devrait toujours s'incarner.

La rentrée à Sciences Po se faisait sous les meilleurs auspices. Très vite nous étions pris en charge, accompagnés, et mis en valeurs par les personnels de direction et les professeurs. Je n'étais pas habitué à tant d'égards et je comprenais que nous n'étions plus au moment du concours, où les candidats n'étaient que des numéros. Une fois la porte de l'Institut d'études politiques franchie, nous devenions des êtres dotés d'un cerveau et de sentiments. Dès le premier jour, le directeur de l'école définissait ainsi la doctrine de Sciences Po : « Ici, nous préférons les têtes bien faites aux têtes bien pleines. » Cet adage n'était pas pour me déplaire.

Dans l'après-midi, nous étions réunis dans le vaste amphithéâtre Montesquieu et une succession d'étudiants venaient présenter leurs associations. J'étais particulièrement attentif aux prestations des partis politiques et syndicats, venus haranguer les jeunes élèves de première année que nous étions. Ils devaient faire œuvre de conviction auprès de leur auditoire. Un jeune homme à la verve assurée et à l'humour caustique attirait mon attention. Il se prénommait Paul, et avait un don certain pour convaincre quiconque d'intégrer son syndicat, l'UNEF. Je comprends maintenant qu'il y avait dans son éloquence, qui semblait alors naturelle et détachée, des heures de pratique au cours desquelles le militantisme et les réunions l'avaient largement formé à la prise de parole en public. À l'entendre, je mesurais l'importance de cette formation pour convaincre.

Quelques minutes après son intervention, alors qu'il stationnait dans l'atrium, à l'entrée de l'amphithéâtre, je m'empressais de lui poser mes questions et de lui signifier mon envie d'intégrer l'UNEF. Il me répondait poliment, avec une apparente bienveillance. Alors que je m'ouvrais à lui de mon inquiétude et de mes doutes quant à la social-démocratie et à sa capacité à mener ce que j'appelais alors « une vraie politique de gauche », le jeune homme me rassurait. Il m'expliquait que lui aussi était plus prompt à soutenir une politique sociale ou écologique que François Hollande, mais que le pragmatisme devait nous pousser à « peser à l'intérieur ». Cette phrase, maintes fois prononcée en ma présence lors de mes engagements politiques, me fascinait. Elle résumait bien la raison pour laquelle des partis aussi composites que l'UMP ou le PS pouvaient tenir si longtemps.

Chaque personne devait probablement imaginer infléchir la ligne du mouvement au profit de ses idées. Le génie de ces partis était d'en donner l'illusion à tous ces militants, sans jamais céder à la démocratie interne et à la souveraineté populaire.

À l'époque j'étais candide. Je croyais à cette phrase de Paul, et je pensais moi aussi pouvoir « peser à l'intérieur ». Qui sait, peut-être François Hollande allait-il entendre sa base et comprendre que la mondialisation et l'Europe libérale faisaient tant de mal aux classes populaires françaises ? Je le croyais. On est parfois bien naïf lorsqu'on a 17 ans.

Très vite, je passais de l'UNEF au Mouvement des jeunes socialistes (MJS). Après quelques semaines à son contact, j'avais confiance en Paul et il était parvenu à me convaincre d'adhérer aussi au MJS. Mon idole Mélenchon était passée au second plan. Il avait perdu aux élections, et je vivais cela comme un désaveu, dicté par la souveraineté populaire. Ma candeur me portait à croire que la gauche au pouvoir finirait forcément par suivre sa vocation originelle : défendre le peuple.

Investi de cette mission et pressé de participer à une vie politique dont j'ignorais tout, je poussais pour la première fois la porte de la fédération du Parti socialiste de Gironde. Le bâtiment était cossu. Il s'agissait probablement d'un ancien hôtel particulier en pierre de taille. À l'intérieur, un buste à l'effigie de Jean Jaurès ornait la salle. Ceux que mon père considérait comme des « sociaux-traîtres », semblaient avoir conservé les meubles. Sa présence me rassurait, les jeunes militants socialistes un peu moins.

Dès les premières réunions, je voyais certains jeunes cadres toujours debout face aux simples militants que nous étions. Nous demeurions assis. Ces militants plus âgés tenaient constamment leur téléphone en main, et oscillaient sans cesse entre leur écran et un regard vague qui évitait de croiser les nôtres trop longtemps. L'accueil des militants était rodé. Un bref temps était consacré à chacun pour se présenter, afin de donner une illusion de participation, puis deux ou trois cadres conservaient la parole. Les premières réunions se ressemblaient toutes. Il s'agissait généralement de décliner aux militants les « prochaines actions à mener ». Les consignes arrivaient de Paris et ne donnaient lieu à aucun débat.

Les mois passaient et je comprenais que personne n'allait réellement « peser de l'intérieur » et que le parti n'était qu'une usine à relayer des idées, que je n'étais qu'un exécutant. C'était de bien curieuses manières pour un parti qui se réclamait de Jaurès. L'étouffement par la hiérarchie fut le premier paradoxe d'une longue série, que je découvrais au sein de la gauche partisane.

Le Mouvement des jeunes socialistes, était, comme le disait François Mitterrand une sorte « d'école du vice », sectaire et verticale. Cette première désillusion heurtait l'enfant de la gauche que j'étais. Je n'avais finalement vécu que les moments heureux de la gauche en famille ; les discussions avec les parents, les interminables débats avec les amis et les luttes pour de nobles causes. Tout cela était bien loin des jeunes cadres arrogants pianotant frénétiquement sur leurs téléphones portables.

Quelques mois plus tard, le jeune militant candide que j'étais commençait à intriguer avec certains barons locaux. Jeune stagiaire auprès des élus socialistes de la Communauté urbaine de Bordeaux, j'occupais un vaste bureau qui dominait la ville. Celui-ci se trouvait être occupé en temps normal par un vice-président de la collectivité. Peu à peu, je prenais mes marques auprès des élus que j'accompagnais en commission. Ludovic Freygefond, vice-président socialiste dont j'occupais le bureau faisait régulièrement le tour de l'étage pour saluer les collaborateurs. L'homme me semblait affable et sympathique. Je ne décelais chez lui aucune arrogance. Un peu interdit face à cet homme charismatique, dont les responsabilités m'impressionnaient, je ne savais comment l'aborder. Celui qui était aussi le patron du PS local me proposait ainsi de le tutoyer : « Chez les socialistes tout le monde se tutoie. » Cette phrase me marqua. Il y avait dans ces mots comme une promesse d'égalité, entre un homme politique puissant et un jeune militant. Très vite, je trouvais en lui beaucoup plus de sympathie et d'intelligence que chez les jeunes apparatchiks qui me toisaient.

Au bout de quelques mois, Ludovic et moi devenions amis. Je croyais deviner que cela avait le don d'énerver les jeunes loups du MJS. Finalement, certains édiles socialistes que mon père qualifiait de « sociaux-traîtres » étaient plutôt sympathiques et bienveillants à mon endroit.

Je comprenais peu à peu que Bordeaux avait peu changé depuis les romans de Mauriac. Les élus socialistes, comme ceux de l'UMP de l'époque, tenaient à leurs privilèges locaux. Je découvrais à leur contact un monde de places réservées avec petits fours et champagne au stade de football, ou de concerts de musique classique à l'opéra. Si cela pouvait sembler contradictoire avec l'héritage de lutte des classes de la gauche du XIXe siècle, je voyais d'un œil amusé les jeux d'influence de ces élus pour une place près du maire, lors d'une représentation à l'opéra ou lorsqu'ils jouaient des coudes pour couper le ruban tricolore d'un nouveau pont sur la Garonne. Tout cela était bien loin des jeunes années d'un enfant de la gauche, mais m'intriguait. J'y voyais une comédie ancestrale, quasiment une tradition, presque un élément patrimonial de la politique locale.

Il n'empêche qu'il flottait chez ces barons socialistes comme un parfum de fin de règne. La ferveur militante dans les réunions publiques était moins présente, les adhérents vieillissaient, et la gauche semblait se diviser. Après avoir assisté à une réunion publique pour soutenir Vincent Feltesse, candidat socialiste aux élections municipales de Bordeaux, nous prenions la route d'une manifestation en centre-ville. Un rassemblement était organisé à la suite de la mort de Clément Méric, un militant antifasciste du même âge que moi. Alors que le candidat socialiste et le premier secrétaire du PS local arrivaient, des huées commençaient à retentir sur la place. Les militants anarchistes et anticapitalistes criaient des slogans hostiles à la présence du PS à l'événement : « socialopes », « casse-toi », et autres amabilités. Mon ami Ludovic était d'une grande placidité, tandis que mon instinct de jeune homme vif et parfois bagarreur me poussait davantage à répondre à ces vociférateurs qui nous insultaient.

Sous mes yeux, je voyais la rupture de deux gauches, opposées depuis plusieurs décennies, mais surtout depuis l'élection de François Hollande. Ironiquement, je réalisais que j'étais passé de l'une à l'autre en quelques mois. Alors qu'enfant j'étais le compagnon de route de mon anarchiste de père, je devenais un des « sociaux-traîtres » du Parti socialiste que l'on vilipendait ce jour-là.

À Sciences Po aussi, les choses évoluaient. Alors que j'avais été élu par mes camarades au conseil d'administration de l'école sous la bannière de l'UNEF, nous faisions face à notre première polémique. Un groupe d'étudiants avait créé un groupe Facebook du nom de « Osez le masculinisme », en référence à l'association féministe éponyme. Ce collectif parodique, jugé sexiste, avait été dénoncé dans la presse et engendrait une vague d'indignation dans l'école et en dehors. Les élèves créateurs du groupe alimentaient leur page sur le réseau social avec des blagues graveleuses et certains sondages pour le moins douteux.

De ces quelques élèves à l'humour potache, malhabile et souvent déplacé, je connaissais plusieurs protagonistes. Je savais leur immaturité et leur volonté de provocation. Je n'imaginais pas, à l'époque, que l'affaire prendrait une telle ampleur. Je ne voyais pas matière à polémique. Une procédure disciplinaire et un rappel à la bonne tenue qu'exige un Institut d'études politiques me semblaient suffisants. C'était sans compter sur la véhémence d'un collectif féministe bordelais qui s'est empressé d'attaquer l'école, déjà un genou à terre. L'odeur du scandale avait attiré les féministes qui ne manquaient jamais l'occasion de frapper une grande école jugée patriarcale, réactionnaire et conservatrice.

Alors que je me rendais au Conseil d'administration de l'école, plusieurs jeunes femmes aux regards inquisiteurs et à la mine agressive me scrutaient sur le parvis. Elles étaient munies de casseroles et hurlaient des slogans féministes : « À bas le patriarcat », « élèves violeurs, Sciences Po complice ».

Mon erreur était de ne pas considérer cet épisode pour ce qu'il était : le début d'un cycle infernal. Ces quelques jeunes femmes étaient les représentantes de la nouvelle gauche. Leur influence serait croissante dans les années à venir et elles remplaceraient bientôt les vieux barons socialistes et leurs rubans tricolores.

Celles que je croyais isolées et caricaturales étaient en fait les pionnières d'une lutte qui emportait tout sur son passage ; l'idéologie « *woke* ». De l'anglais « *being woke* », littéralement « être éveillé », cette formule apparaît aux États-Unis dans la communauté afro-américaine. Cette idéologie prétend éclairer des peuples endormis pour qu'ils deviennent conscients des injustices politiques, sociales et qu'ils luttent contre le racisme et l'oppression de prétendues minorités. Cette lutte, portée par les militants LGBT, féministes ou antiracistes, prend de l'ampleur dès les années 2010 en France, à l'instar de mouvements importés des États-Unis comme « Black Lives Matter ».

Peu à peu, les lobbyistes de cette idéologie pourfendant les structures traditionnelles auxquelles j'étais attaché (nation, culture, éducation) ont pris une place centrale à gauche et dans le monde feutré des Sciences Po. D'année en année, l'école s'enfonçait dans le chemin que ces militants radicaux avaient tracé.

À la tête de l'UNEF à Sciences Po Bordeaux, je percevais de plus en plus la pression des combats de cette idéologie. Peu à peu, les noms des associations de l'école devaient se conformer au politiquement correct, certaines conférences ne pouvaient plus avoir lieu et les mouvements politiques devaient eux aussi montrer patte blanche. La nouvelle gauche qui se déployait sous mes yeux n'avait plus rien à voir avec celle de mon enfance. Il ne s'agissait plus d'unir les classes laborieuses pour des lendemains meilleurs, mais de les répartir en catégories distinctes pour mieux les hiérarchiser dans leurs souffrances (tout en prétendant, *in fine*, faire converger leurs luttes). L'universalisme et l'esprit critique étaient remplacés par la division et le sectarisme.

L'UNEF évoluait en ce sens. Ma gestion était critiquée par les cadres de Paris. Comme au MJS, les jeunes loups et autres militants en chef ne laissaient aucune marge aux adhérents de province que nous étions. Régulièrement, j'étais convoqué à une terrasse de café par des envoyés de Paris pour m'obliger à courber l'échine face à leur syndicat anti-démocratique et jacobin. On m'intimait l'ordre d'organiser des réunions interdites aux hommes pour que, soi-disant, les femmes de mon syndicat puissent exprimer librement les brimades dont elles auraient fait l'objet. Tout cela me semblait fou, presque irréel. Je ne reconnaissais plus mes pairs.

Il n'y avait dans ce nouveau monde *woke*, froid et contrôlant, rien de commun avec les blagues du marché, les débats interminables et la solidarité populaire. Jeune homme blond aux yeux bleus et à la peau blanche, je ne pouvais continuer impunément à être de gauche. Je savais que tôt ou tard, la nouvelle gauche *woke* allait se débarrasser de mon encombrante présence.

Il s'opérait une forme de rupture dans la vie politique locale. Peu à peu, les modernes remplaçaient les anciens. Rien de plus normal. La nouveauté résidait dans la nature du changement qui s'opérait par la prise de pouvoir de la nouvelle génération. Celle-ci ne se réalisait pas dans la transmission mais dans l'opposition. Les anciens élus de gauche étaient des enracinés ; ils connaissaient parfaitement leur environnement et goûtaient peu les délires bobos et *woke*. Les modernes n'avaient d'yeux que pour le parti, ses dogmes et ses tendances. Ils ne juraient que par les sujets de société, laissant aux « conservateurs » l'enracinement.

Dans ce nouveau clivage, je décidais, au détriment de mes intérêts, de me rapprocher des anciens et de leurs méthodes soi-disant surannées, critiquées par les modernes. C'est auprès d'un élu local enraciné, canal historique du socialisme, que je choisissais de m'engager. Philippe Dorthe, conseiller général et régional de Bordeaux depuis fort longtemps, était un homme charismatique et authentique. Amoureux de son quartier, féru de son histoire, il avait fait sa vie auprès de ses concitoyens et ne pouvait marcher dix mètres dans son quartier natal sans serrer des mains.

L'homme incarnait une politique noble et sincère. Blagueur et rieur, il savait passer le temps avec ses camarades, à refaire le monde près du port de Bordeaux qu'ils aimaient tant. Philippe semblait tout droit sorti d'un film de gangsters, son style de bonhomme et ses costumes amples me le rendaient immédiatement sympathique.

Nous partagions ensemble plusieurs combats authentiquement de gauche. Nous luttions, avec son « club Auguste Blanqui » (du nom du député de la Gironde révolutionnaire socialiste) contre les métropoles millionnaires et la densification urbaine. Élu, il prônait le retour des emplois productifs en ville et pourfendait le petit tertiaire mal rémunéré qui appauvrissait les habitants. Vent debout contre la gentrification du centre-ville, nous déplorions le départ des familles des classes populaires, tant la ville et le logement étaient devenus chers.

Nos luttes étaient nobles et j'étais fier de les porter avec Philippe. Je savais néanmoins que nous étions en sursis. Mon ami devrait tôt ou tard quitter la scène politique locale, il serait mis à la retraite par les jeunes loups de la nouvelle gauche urbaine, et nos combats finiraient au rebut. Cette perspective ne me réjouissait pas, mais j'étais résigné.

Ces premières années d'engagement politique, révélaient un immense paradoxe. La gauche était au pouvoir et contrôlait un nombre très important de collectivités, pourtant, je décelais un parfum de déclin. Le parti ne pensait plus, il ne créait plus. Les militants étaient écrasés sous le poids d'apparatchiks, qui entretenaient leurs potentats locaux au mépris de la souveraineté populaire. Il n'y avait au sein du Parti socialiste, du MJS ou de l'UNEF plus aucun bouillonnement intellectuel. Ces structures erraient, tel un animal opportuniste cherchant à se nourrir pour ne pas disparaître.

Les campagnes électorales étaient tièdes, sans aspérités et pyramidales. Si les militants et certains élus s'engageaient sincèrement pour défendre un idéal, la structure empêchait que celui-ci ne prenne corps. Les partis politiques de gauche n'étaient plus des pourvoyeurs d'idées, mais des boutiques qu'il fallait faire tourner humainement et financièrement. Mes premiers pas auprès de la gauche partisane me laissaient un goût amer. Je souhaitais désormais partir, loin de ces gens qui, je le savais, me bloqueraient dans tous mes projets, pour éviter que je ne parle, pour éviter que je ne pense.

Troisième partie

Gauche crépusculaire, le morne horizon

V

Le parfum du déclin

> Être d'avant-garde, c'est savoir ce qui est mort ; être d'arrière-garde, c'est l'aimer encore.
>
> ROLAND BARTHES (1915-1980).

La gauche au pouvoir dévoilait ses limites. Au gouvernement, comme dans les réunions du PS local, on ne tendait plus « vers l'idéal », qu'envisageait Jaurès. Le monde, la France, changeaient plus vite que les logiciels de pensée d'une gauche élimée, fatiguée, qui s'abîmait en synthèses lymphatiques et sans saveur. La doctrine sociale-démocrate et le « socialisme réformiste » n'arrivaient plus à percevoir les défis qui se dressaient devant eux.

Depuis quelques années, d'ardentes menaces civilisationnelles pèsent sur l'Occident. Celles-ci sont imperceptibles à ceux qui, à gauche comme à droite, refusent de voir le réel tel qu'il est. Par absence de vision ou par lâcheté, les élites de la social-démocratie française et européenne ont posé un voile pudique sur les signes avant-coureurs du déclin occidental. La perte des savoir-faire et de l'industrie, le recul de la démographie, la hausse irrésistible de la violence, l'effondrement du niveau scolaire et culturel ; tous ces sujets, comme une multitude d'autres, ont été sciemment ignorés par les élites de gauche et de droite ces dernières décennies.

Le quinquennat Hollande, que nous observions avec mes quelques camarades girondins, se confrontait à plusieurs signes avant-coureurs du déclin. Je m'interrogeais à l'époque sur la capacité de ce gouvernement socialiste à faire face aux prémices du grand bouleversement civilisationnel que je voyais poindre. Par une forme de déni ou de naïveté, je croyais en une forme de prise de conscience de « la gauche de gouvernement », aidée par le choc des événements.

L'année 2015 était marquée par un double phénomène, particulièrement représentatif du choc civilisationnel contemporain. La même année, une vague d'attentats meurtriers frappait le pays tandis que la crise migratoire touchait toute l'Europe. En seulement quelques mois, la France devait faire face à des attaques islamistes d'une violence inédite. Des attentats qui ont été perpétrés contre la rédaction de *Charlie Hebdo* à ceux du 13 novembre au Bataclan, l'année 2015 fut celle du sang qui coule dans nos rues. Comme des millions de Français, nous comprenions l'ampleur d'un phénomène jusqu'alors occulté : le poids de l'islam politique, sa cruauté. Pendant ce temps, la France, comme les autres nations européennes, devait contribuer à accueillir une vague migratoire de plus d'un million de personnes venues principalement d'Afrique et du Moyen-Orient. Cette crise migratoire était l'une des plus importantes de l'histoire contemporaine en Europe.

À la faveur de cette vague massive d'immigration, près de 5 000 djihadistes [1] se seraient infiltrés en Europe afin d'y

1. Europol.

perpétrer des actes terroristes. En France, 500 terroristes[1] seraient entrés *via* la voie migratoire. En Allemagne, plus de 200 000 crimes et délits[2] auraient été commis par des migrants en 2015 soit une hausse de 79 % par rapport à l'année précédente.

Ces éléments, difficilement audibles pour une large partie de la gauche sonnaient comme un coup de semonce après des décennies de combats sociétaux, antiracistes ou de « régularisation des sans-papiers ». Je constatais alors l'incrédulité d'une partie de la gauche partisane devant ces faits qu'elle ne voulait ni voir, ni comprendre. Là encore, une rupture fondamentale s'opérait entre la gauche de gouvernement, et celle des manifestations et de l'opposition (Jean-Luc Mélenchon en tête). Interrogé sur la vague migratoire en cours, Bernard Cazeneuve tenait un discours de responsabilité, déclarant notamment : « Nous ne devons pas envoyer le signal que nous pouvons accueillir tout le monde, tout de suite. Ce ne serait pas responsable. » Par-delà les prises de position du gouvernement français, qui ne suivait pas Angela Merkel lorsqu'elle prônait une politique d'accueil massive des immigrés, la refonte du logiciel de pensée de la gauche sur le sujet migratoire semblait difficile.

François Hollande avait su répondre avec dignité et honneur face aux drames qui touchaient alors le pays. Les services de l'État traquaient les potentiels terroristes et Beauvau, comme l'Élysée, soutenaient activement ces démarches. En cela, la gauche de gouvernement savait se montrer responsable dans sa gestion du choc qui s'opérait.

La difficulté résidait davantage dans le choix de la ligne que le gouvernement devait emprunter. À trop vouloir

1. DGSI.
2. Chiffres officiels du Bureau pénal fédéral (BKA).

réaliser une large synthèse, comme du temps où il était à la tête du PS, François Hollande liait son destin aux conflits internes et aux dissensions. En matière de sécurité, il était tiraillé entre la ligne Valls-Cazeneuve, plutôt ferme sur le sujet et celle de Benoît Hamon et des frondeurs bien plus laxiste. Pour répondre aux défis de la désindustrialisation, là aussi, sa majorité était instable, divisée entre la ligne d'Arnaud Montebourg, partisan du protectionnisme et du « *Made in France* » et celle d'Emmanuel Macron, libre-échangiste et attachée aux privatisations.

C'est ainsi que les lueurs d'espoirs que je percevais dans cette gauche au pouvoir, à l'instar des coups de menton du ministre Montebourg sur Arcelor Mittal à Florange ou de la proposition de déchéance de nationalité annoncée par le président Hollande à Versailles, n'ont finalement pas abouti. La tiédeur du hollandisme, son incapacité à assumer ses décisions politiques face aux parlementaires frondeurs, engendraient inexorablement sa perte, j'en étais convaincu.

Un autre que moi en était convaincu. Emmanuel Macron, ambitieux ministre de l'Économie, dont certains disaient qu'il était l'alliance de Brutus et de Rastignac, avait acquis la conviction que la mort de la social-démocratie pouvait lui servir. L'homme franchissait le Rubicon en quittant le gouvernement et s'apprêtait à se lancer dans la course à la présidentielle. À l'époque, je ne croyais guère en ses chances de succès. Je percevais dans sa trahison de François Hollande une sorte de vide politique. Cet homme était un curieux métissage, le fruit d'une droite libérale, insipide et mondialiste, et d'une gauche modérée, tiède et en perte de repères.

Quelques semaines plus tard, le visage défait de François Hollande, dans une adresse solennelle à la nation, où il indiquait ne pas se représenter, achevait de me convaincre de l'effondrement de la gauche au pouvoir.

Cet échec se confirmait aux élections présidentielles, avec la déroute historique de Benoît Hamon. L'homme des 6 % incarnait à lui tout seul une sorte de renoncement aux combats historiques de la gauche, trop rudes à porter pour les frêles épaules d'un apparatchik sans talent. La mesure phare de son programme était un revenu de base pour tous. Comme si une énième promesse de rejet du travail, par une hypothétique oisiveté, le tout saupoudré de quelques touches d'islamo-gauchisme, pouvait être de nature à souder le peuple derrière lui. Cet échec cuisant de 2017 signait non seulement l'arrêt de mort de la gauche social-démocrate, empêchée de se représenter, et la naissance de la gauche *woke* et urbaine de Benoît Hamon.

J'étais convaincu que si François Hollande avait eu le courage et la force de mener à bien certaines politiques au service de la souveraineté économique ou de la sécurité des Français, il aurait pu « renverser la table » comme on dit. Ce président social-démocrate, que tout le monde pensait modéré et « normal » aurait pu déjouer le sort et rendre à la France un peu de sa puissance. Je pensais à l'époque que seule une force politique dite « de gouvernement » pouvait emporter les suffrages et ainsi protéger le pays des menaces qui planaient sur lui. Je me trompais.

Emmanuel Macron était élu président et sa ligne politique s'avérait aussi vide que l'intitulé de son mouvement « En Marche ». Il fallait s'y résoudre, le peuple avait tranché.

J'arrivais à Paris quelques semaines après le triomphe d'Emmanuel Macron devant la pyramide du Louvre. J'admets qu'à l'époque, l'image de ce jeune président, qui avançait avec une puissante solennité vers son destin, vêtu d'un long manteau le soir de sa victoire, m'avait marqué. Soucieux de l'idée de grandeur de la France et pétri de l'héritage des hommes providentiels, de Bonaparte à de Gaulle, je voyais dans la stature d'Emmanuel Macron ce soir-là une certaine fidélité à un héritage que je respectais. Il n'en restait pas moins que je doutais de la sincérité de sa démarche. Les quelques mois qui suivaient étaient incertains pour la gauche, qui peinait à se réorganiser après le choc.

Si j'étais soulagé de prendre mes distances avec le Parti socialiste local, je souhaitais en savoir plus sur cette « gauche de gouvernement » qui avait sombré. Mon amour pour les causes désespérées et ma passion pour les hommes qui ont fait l'histoire m'ont peu à peu conduit vers l'entourage du président déchu, François Hollande. Je voulais encore comprendre et toujours « peser de l'intérieur ». Il me semblait que les héritiers de cette « gauche de gouvernement » pourraient basculer dans une forme de gaullisme de gauche ou *a minima* prendre le virage de la souveraineté nationale.

Lors du congrès du Parti Socialiste de 2018, je choisissais de me rapprocher du dernier héritier en lisse du hollandisme, Stéphane Le Foll. Mon ami Philippe Dorthe, avec lequel je continuais de correspondre sur les projets et les déboires du PS, m'organisait un rendez-vous avec l'ancien ministre. L'homme me recevait dans son bureau de l'Assemblée nationale pour un tête-à-tête afin de parler de sa campagne. Stéphane Le Foll était un homme avenant, à la gouaille amusante et au *look* de chasseur endimanché. Ses Paraboots en cuir marron posées sur le bureau et un téléviseur branché sur les chaînes d'information, il m'accueillait arborant un sourire authentique. Très vite, je me présentais à lui et nous échangions sur les options politiques qui pourraient être les siennes face à son adversaire, Olivier Faure. Je lui proposais d'incarner une gauche des régions, décentralisée, face à son concurrent urbain et centraliste.

L'homme m'écoutait avec calme, avant de me faire comprendre gentiment qu'il était de mon avis mais que la bataille serait rude. Je comprenais qu'Olivier Faure était en train de verrouiller le parti pour mieux cantonner l'ancien ministre à l'héritage hollandiste. La tâche semblait impossible, et je me doutais que le dénouement ne serait pas à la faveur de Stéphane Le Foll et des amis du président Hollande que je côtoyais.

Quelques jours plus tard, lors d'une réunion nocturne rue de Solferino, un homme au regard perçant et à l'allure élégante me scrutait de l'autre côté de la table. Jean-Marie Cambacérès, ami personnel de François Hollande, camarade de la célèbre promotion Voltaire à l'ENA, m'avait bien observé lorsque je prenais la parole. Dès la fin de nos échanges, il venait me rejoindre pour me proposer de travailler à ses côtés. S'ensuivaient plusieurs mois auprès de cet expert des questions géopolitiques, brillant connaisseur des relations avec l'Asie et surtout homme profondément enraciné, attaché comme moi à la ruralité. Nous devenions amis, et il me présentait à François Hollande lors d'un dîner au Petit Riche, brasserie Belle époque du 9e arrondissement de Paris. J'étais ému, moi l'enfant de la gauche, d'un milieu modeste et provincial, de partager la table de l'ancien président et de pouvoir ainsi deviser avec lui. Il était sympathique et rieur, attentionné envers ses amis et soucieux de prendre des nouvelles des uns et des autres. Mon ami Jean-Marie lui avait présenté mon parcours et François Hollande s'empressait de me questionner. Il était particulièrement intéressé par les lieux où j'avais grandi. Comme si l'enracinement qui était le mien pouvait en dire plus sur qui j'étais, et nous rapprocher sur la base d'une géographie commune. Cela me rassurait. Comme François Hollande, je partageais une profonde émotion à évoquer des morceaux de France qui avaient animé mon existence et m'avaient façonné. Je songeais alors qu'un homme qui parlait comme lui des régions de son pays ne devait pas être mauvais, au fond.

Alors que je revoyais l'ancien président à son bureau, rue de Rivoli, je me permettais de lui faire part avec plus de détails de ma vision de la gauche. Pouvoir accéder à lui et ainsi dire ma façon d'apprécier les défis contemporains tels que je les voyais était une occasion unique d'enfin « peser de l'intérieur », du moins, je l'espérais. Je concentrais mon intervention sur l'idée de souveraineté. Lui faisant part de l'urgence de refaire de la France une grande puissance en matière économique, culturelle et de sécurité (police et armée), j'évoquais l'impérieuse nécessité pour refonder la gauche d'aller vers la démondialisation et la défense des frontières nationales. Je lui disais que cette idée n'était pas contraire à l'idéal de la gauche républicaine et lui rappelais la référence de Jaurès à « l'autonomie des nations et aux génies nationaux ». Ce jour-là, je percevais pour la première fois une forme de méfiance de l'ancien président à mon égard. S'il me répondait poliment qu'il partageait ma vision des choses et que le gaullisme de gauche que je prônais devait être incarné, je croyais savoir qu'il n'était pas totalement de mon avis. Derrière sa bonhomie et son amabilité, je ressentais dans nos discussions comme une réticence sur le sujet de la souveraineté, presque une gêne. Ce concept s'éloignait selon lui de la vision initiale de la social-démocratie. Ces échanges, s'ils étaient passionnants et bienveillants, ne me paraissaient pas suffisants pour amener la gauche au virage de la souveraineté nationale, dans lequel je croyais de plus en plus.

Au fil des discussions avec l'ancien président et ses deniers fidèles, je comprenais que la social-démocratie ne ferait pas sa mue vers la gauche populaire et patriote que j'appelais de mes vœux. L'issue devait être ailleurs.

C'est ainsi que je prenais mes distances avec la social-démocratie. Bien sûr, je demeurais ami avec Ludovic, Philippe ou Jean-Marie. Je gardais même une certaine bienveillance à l'égard de François Hollande et de Stéphane Le Foll. Je ne voyais aucune porte de sortie pour cette social-démocratie finissante, qui peinait à se réinventer.

Pour quitter définitivement l'engagement partisan et ses contraintes, je caressais l'espoir d'un tout autre projet. Pendant ces années, j'avais constaté qu'il était impossible de « peser de l'intérieur » et que les partis étaient verrouillés. Qu'il s'agisse de leur organisation pyramidale ou des carcans idéologiques imposés aux simples militants, ces structures avaient fait leur temps. Je savais qu'Emmanuel Macron aurait raison des partis dits « de gouvernement » (LR et le PS). Je voyais l'influence croissante du monde des idées, des livres et des chroniqueurs médiatiques. Je me réjouissais de ce mouvement. Si la gauche était en proie aux affres des appareils politiciens et à la paresse intellectuelle, pourquoi ne pas m'engager à repenser moi-même la doctrine de l'époque. Il s'agissait là d'un projet ambitieux, et je croyais ne pas pouvoir le réaliser seul. La vie des idées me paraissait être une aventure collective ; entreprise par des compagnons guidés par le même idéal. C'est ainsi que je proposais à mon meilleur ami, Jérémie Cornet, d'écrire ensemble notre premier livre.

Je le connaissais depuis des années, et je savais notre capacité à phosphorer des heures durant sur des sujets philosophiques, historiques ou politiques. Il était brillant et humain, je n'avais aucun doute sur la joie que j'aurais à écrire avec lui. Nous, les deux amis provinciaux, aux histoires curieusement similaires, pouvions mener ce projet à bien et entrer à notre tour dans le débat public pour y apporter nos contributions. Jérémie était un jeune homme authentiquement de gauche. Lui et moi avions été ensemble aux meetings de Jean-Luc Mélenchon à Bordeaux en 2013, je savais son histoire et sa construction intellectuelle, il était fiable. C'est ainsi que des mois durant, nous marchions ensemble sur les bords de Seine pendant des heures, nous échangions sur nos chapitres et les orientations que nous y prenions. Parfois nous quittions Paris, pour écrire dans le Gers, en Gironde ou en Normandie. C'était une vie heureuse, partager des idées avec ceux que l'on estime et écrire, préparer l'avenir sans rien attendre, ni gloire, ni profits. Nous l'ignorions, mais ensemble nous faisions de la politique.

Alors que nous étions à pied d'œuvre pour terminer notre manuscrit, un évènement majeur venait bouleverser notre écriture et mon engagement politique. Le dimanche 15 juillet 2018 au soir, tandis que la France saluait la victoire de son équipe pour la coupe du monde de football, nous marchions, Jérémie et moi, dans les rues en liesse de Paris. Alors que nous nous dirigions vers la Place de l'Étoile et l'avenue Foch, des nuées de quads, scooters et autres motos surpuissantes roulaient à vive allure. En quelques minutes, sous nos yeux incrédules, les avenues se transformaient. Des centaines de jeunes hommes issus de l'immigration, souvent torse nu, comme pour démontrer leur virilité, munis pour certains de drapeaux algériens ou marocains, paradaient en une sorte de rodéo immense. Les quelques passants et leurs enfants courraient se réfugier dans les rues adjacentes. Dans des vrombissements infernaux, les nouveaux maîtres des lieux multipliaient les dérapages et roues arrières, dégageant une épaisse fumée. Certaines boutiques étaient vandalisées et des abribus détruits. Les quelques policiers présents s'étaient repliés sur les côtés des avenues, la rue était aux mains de ces cavaliers de l'apocalypse juchés sur leurs montures métalliques. J'étais sonné. Le pays que je voyais sous mes yeux n'avait rien d'une nation en paix, civilisée. Il n'était plus qu'un gigantesque chaos.

De retour chez moi, je me précipitais sur BFMTV afin de voir comment l'information de ce saccage était traitée. La chaîne d'information ne commentait guère que les scènes de liesse paisibles et joyeuses, je comprenais alors que personne n'en parlerait. La France avait gagné un match, il fallait se taire. Quiconque parlait, risquait de briser « le vivre-ensemble ». Après ce que j'avais vu, je savais que les images à la télévision n'étaient qu'un conte de fées pendant que le chaos se répandait. Pour la première fois de ma vie, j'étais profondément inquiet pour mon pays. Il ne s'agissait plus d'un simple clivage entre droite et gauche, les uns voulant moins d'impôts et les seconds davantage, ou autres peccadilles ne mettant pas en péril la France. Nous parlions là de la survie de ce pays, de rassembler ceux qui refusaient qu'il ne s'éteigne dans la violence et le désordre. Après cette soirée, je comprenais qu'un jour les protecteurs des intérêts de la nation devraient faire front commun.

La gauche morale m'interdirait formellement de dire ce que j'avais vu. Mais j'allais pouvoir l'écrire pour la première fois. Après discussion avec mon ami Jérémie, nous décidions de consacrer un chapitre de notre livre à cette soirée et à ce qu'elle disait de notre pays. Nous savions que pour ce chapitre-là, nous risquions le bannissement moral de la gauche, mais peu importait. Le réel était un choc, sourd et puissant. L'occulter serait une trahison.

Notre essai, *Enfants de la déconstruction*, reprenait nos doutes et nos inquiétudes quant à l'influence de la modernité sur les esprits de la jeunesse. Nous posions les bases d'une souveraineté individuelle et collective, du refus de l'individualisme comme valeur cardinale en Occident, et critiquions les effets de la mondialisation sur nos vies. Sans réellement en avoir conscience à l'époque, nous dessinions les contours de cette gauche patriote, enracinée et sincère, à laquelle j'aspirais depuis des années. J'avais le sentiment d'avoir été brimé dans mon engagement politique, comme empêché de penser cette gauche. À la manière d'un enfant lisant des livres interdits, en catimini, je devais cacher au PS et à ses apparatchiks la vraie nature de mon engagement intellectuel et politique. Il fallait sans cesse montrer patte blanche, pour éviter de déplaire à la ligne du parti ou au politiquement correct. Cela m'était devenu insupportable. Ce souffle de liberté nous transportait, Jérémie et moi. Certes, nous n'avions ni éditeur, ni réseau dans les médias, mais pour la première fois de notre jeune vie intellectuelle, nous étions libres.

Quelques mois plus tard, un éditeur nous rappelait et décidait de publier notre livre. Nous fêtions la nouvelle à la brasserie Mollard, près de la gare Saint-Lazare. J'avais réservé une table près de la baie vitrée. Cela nous donnait l'impression d'être parmi les convives du restaurant, tout en jouissant d'une vue sur la rue, passante et bruyante. L'ambiance me fascinait. Les nappes blanches sur les tables, les rires des clients, les omelettes surprises qui flambaient dans la salle et les serveurs gouailleurs, donnaient à ce lieu une esthétique surannée et grisante.

Comme un pied de nez, à l'époque des restaurants épurés, aux assiettes quasi-vides et à l'ambiance feutrée, Mollard était une sorte d'acte de résistance culinaire. La revanche de la cuisine au beurre, des chariots de pâtisseries traditionnelles et des fromages odorants, face à l'arrogance de la cuisine contemporaine. Jamais, nous n'aurions eu l'outrecuidance de fêter la parution de notre livre dans un de ces restaurants branchés à la décoration sophistiquée, où l'on vous sert les plats en vous souhaitant « une bonne dégustation ».

Mollard était à la gastronomie, ce que notre livre était à l'écriture ; une espèce de revanche des antimodernes. Ce soir-là, un sentiment de libération nous envahissait. Après des années sous le joug de la bien-pensance des modernes, à l'UNEF, à Sciences Po ou au PS, nous pouvions enfin écrire, penser et parler. Loin des convenances morales que l'on nous imposait, nous allions devenir libres. Nous faisions nôtre la phrase de Barthes lorsqu'il écrivait : « Tout d'un coup, il m'est devenu indifférent de ne pas être moderne. »

Nous étions un peu intimidés d'avoir osé écrire dans un livre ce que nous pensions vraiment. S'en prendre ainsi aux totems de la nouvelle gauche, à la doctrine *woke*, défendre les valeurs collectives et traditionnelles face à l'individualisme de notre époque, c'était s'exposer à la vindicte des chefs de la gauche et à leur puissante influence. Mais qu'importe, si défendre le patriotisme, la culture française ou la sécurité était interdit par les fossoyeurs de la gauche, cela nous était égal.

Alors que notre livre sortait en librairie, j'avais complété un petit tableau sur lequel j'avais identifié les médias susceptibles de parler de notre essai. La presse de gauche était ma priorité. Lecteur du *Monde*, de *L'Humanité* ou de *Libération*, j'avais identifié ces quelques titres pensant qu'ils nous consacreraient un peu de leur attention. En dépit de mes sollicitations, je comprenais après quelques mois qu'ils ne feraient rien pour nous. Un peu déçu que ces journaux que je respectais ne donnent pas d'écho à notre livre, c'est finalement *Le Figaro* qui le premier me consacrait un entretien. Un peu interdit de m'adresser à ce journal que l'on m'avait appris à détester, je découvrais avec plaisir un journaliste intelligent et honnête.

Il était particulièrement ironique pour nous, les enfants de la gauche, modeste et provinciale, d'obtenir notre premier article dans une presse décrite depuis des années comme de droite et élitiste. Les prétendus conservateurs étaient-ils les plus à même de donner leur chance à deux jeunes inconnus quand la presse de gauche les ignorait ? Je n'osais y croire.

Par les idées que je défendais, dans mon livre et les premières tribunes que *Le Figaro* m'avait permis d'écrire, je percevais différemment le clivage entre droite et gauche (je parle là du XXIe siècle et non du clivage historique qui oppose ces deux familles de pensée). Passer par l'écriture et quitter l'engagement partisan permettait de voir le débat public d'une autre façon. Je trouvais sa binarité inexacte. Il y avait plus en commun entre un patriote de gauche et un gaulliste de droite, qu'il n'y en avait entre un patriote de gauche et un mondialiste *woke*, fût-il de gauche. De la même manière, un mondialiste de gauche et un mondialiste de droite partageaient quasiment tout. C'est d'ailleurs ceux-là qu'Emmanuel Macron avait eu le génie de rassembler.

Durant les mois qui suivaient la publication des *Enfants de la déconstruction*, je rencontrais ceux que l'on m'interdisait de voir au temps du PS. Des journalistes de droite, des patriotes de gauche marginalisés ou pire, des catholiques nostalgiques du général de Gaulle ! Tout cela me rassurait. Nous étions nombreux à constater le déclin de la France, les limites de la postmodernité ou de l'individualisme contemporain.

J'avais le sentiment d'opérer une jonction entre deux mondes que l'on opposait alors qu'ils avaient tant en commun. Comme j'avais rapproché mes grands-mères dans leurs valeurs, je voyais des points communs entre cette droite gaulliste et ma gauche patriote. Comme eux, je rejetais l'individualisme, je déplorais les effets de la mondialisation et je ne voulais pas que mon pays s'éteigne. Tout cela apparaissait en mon esprit comme une révélation. La fracture entre gauche populaire-patriote et droite sociale-gaulliste n'avait plus aucun sens.

Pis, les deux partageaient les mêmes adversaires politiques. J'avais eu à me battre contre une gauche moderne devenue caution morale de la mondialisation. Elle avait abaissé les frontières, ouvert les portes au capitalisme financier, à l'immigration massive et à une culture-monde avilissante. Mes amis de la droite sociale-gaulliste eux, avaient subi la droite libérale qui a détruit l'héritage du général de Gaulle depuis cinquante ans (en dépit de Philippe Séguin ou de quelques autres éclaireurs). Comme la gauche libérale et mondialiste, ceux-là ont défait la souveraineté nationale par la trahison de Nicolas Sarkozy sur le référendum de 2005, ils ont sacrifié l'industrie française et ont ouvert les portes à l'immigration de masse (notamment depuis Valéry Giscard d'Estaing avec le regroupement familial). Nous étions gouvernés depuis un demi-siècle par des gens qui singeaient l'affrontement politique, tout en étant d'accord sur à peu près tout, à quelques nuances près. En cela, le macronisme n'était qu'une réunion, logique et honnête.

Après la défaite du PS en 2017, une autre force a pris le pouvoir à gauche, laissant celle-ci orpheline de son hémisphère social-démocrate. Ni patriote, ni populaire, mais urbaine et intellectuellement colonisée par les luttes sociétales américaines, cette nouvelle force s'est progressivement imposée dans les grandes villes. À la faveur du déclin de la social-démocratie, une gauche bobo-écolo a su capter le débat à son avantage et emporter plusieurs combats majeurs. Particulièrement anti-française, elle alimente toutes les luttes qui affaiblissent le pays et les classes populaires. Cette gauche-là est une imposture.

VI

L'imposture verte

> À cause de l'avarice, de l'égoïsme et de cette habitude abjecte consistant à voir dans la terre un bien ou uniquement le moyen d'en acquérir, l'agriculture s'est dégradée avec nous et le fermier mène la plus médiocre des existences. Il ne connaît la nature que comme un voleur. Nous en venons à oublier que le soleil tombe sur nos champs cultivés, les prairies et les forêts sans faire de distinction. Ils réfléchissent et absorbent ses rayons de la même façon. À la lumière du soleil, toute la terre est cultivée à l'identique comme un jardin et cède partout devant une civilisation à laquelle il est impossible de résister.
>
> HENRY DAVID THOREAU (1817-1862),
> *Histoire de moi-même.*

La puissance irrésistible des prétendus « écologistes », réside dans leur capacité à s'exprimer du haut de l'impénétrable camp du bien. Dans le débat public, l'écologie est un totem d'immunité. Quiconque se définit comme défenseur de l'environnement, bénéficie *de facto* des meilleures protections morales et intellectuelles. Qui donc pourrait s'opposer à la protection de la planète ? Personne. Partant de ce postulat, nul ne peut décemment affronter un écologiste sans passer immédiatement pour « le méchant ». C'est ainsi qu'en septembre 2021, selon un sondage Odoxa pour *Le Figaro*, 55 % des Français avaient une bonne opinion d'Europe Écologie-Les Verts (le premier parti écologiste de France avec moins de 5 % des voix lors de l'élection présidentielle de 2022). Si le souci de la préservation de la planète est particulièrement noble, la contribution des écologistes français à la défense de l'environnement doit pouvoir être débattue sereinement.

Quelques mois après la parution de mon premier livre, dans lequel nous proposions, avec mon compère Jérémie Cornet, une vaste refondation écologique du pays, se tenaient les élections municipales. Particulièrement attentif au paysage politique à gauche, et à sa mise en ordre de bataille vers les échéances électorales, je remarquais la grande fébrilité du PS. En Gironde, où j'avais conservé bon nombre de camarades, je voyais la candidate du Parti socialiste s'effacer derrière Pierre Hurmic, candidat écolo à la mairie de Bordeaux.

L'homme n'était pas neuf. Depuis plusieurs décennies, il siégeait dans l'opposition à Alain Juppé, et n'avait jamais bénéficié d'une aura exceptionnelle. Je crois même pouvoir dire qu'il n'était pas perçu comme un homme politique d'avenir. Pour autant, c'est lui que les Verts avaient choisi d'investir. Après une négociation sommaire avec les socialistes locaux, floués et maltraités, la campagne s'était lancée. Je ne croyais pas en ses chances. Lorsque je parlais avec des Bordelais historiques, Pierre Hurmic faisait plutôt sourire. Face à lui, le dauphin d'Alain Juppé, Nicolas Florian (le maire sortant) allait briguer un nouveau mandat. L'édile avait des airs de candidat RPR des années 1980, sa mèche était impeccable et ses costumes bien taillés. Tout chez cet homme pouvait convenir à une ville de bourgeois bon teint comme Bordeaux. C'était sans compter sur la nouvelle sociologie de la ville. Le successeur désigné d'Alain Juppé s'avérait finalement être un piètre candidat face aux nouveaux Bordelais. Il passait pour un réactionnaire tendance « manif pour tous », en totale incapacité de plaire aux nouveaux habitants bobos-écolos. Son pull sur les épaules et ses mocassins à glands faisaient incontestablement de lui un ringard, aux idées fidèles à son *look*. Le Bordeaux de Chaban-Delmas et de Juppé était mort depuis longtemps, et s'apprêtait à être remplacé par celui des trottinettes et du quinoa.

Le soir de la victoire triomphale de Pierre Hurmic l'écologiste, j'étais face au Palais Rohan (l'hôtel de ville de Bordeaux). Je voyais défiler un ballet de voitures avec chauffeur, raccompagnant d'anciens élus de droite, à la suite de la déroute de leur candidat. Il y avait un parfum de fin de règne, ou pire, de fuite à Varennes. Peu à peu, les soutiens du maire-élu écologiste affluaient vers l'Hôtel de Ville. Une foule bigarrée, composée de jeunes filles aux cheveux bleus, d'hommes à dreadlocks et de vélos customisés munis d'autocollants « stop nucléaire », convergeait vers le Palais Rohan. Dans un chahut festif, les nouveaux maîtres des lieux franchissaient la porte cochère sous les regards médusés des agents de la municipalité. Bordeaux était tombé.

Avec mon ami Ludovic, ancien premier secrétaire du PS Gironde, nous regardions la scène quelques mètres plus loin. Je croisais le président de région, Alain Rousset. Le socialiste nous saluait avant d'aller rejoindre la fête. Le regard vague, il semblait lui aussi interloqué devant la scène et paraissait n'exécuter qu'un pénible devoir en se rendant à la mairie, pour saluer « son allié » Pierre Hurmic. La politique partisane réclame parfois des sacrifices.

Il y avait derrière ce triomphe bordelais la victoire bien plus large d'une nouvelle gauche. Les éléphants du PS, local et national, n'étaient plus en odeur de sainteté auprès des militants de gauche. Ceux que j'avais côtoyés et appris à apprécier étaient devenus une espèce en voie de disparition. La seule dont les écolos urbains étaient satisfaits qu'elle s'éteigne. Mes anciens amis étaient condamnés à regarder passer le train, quelques centaines de mètres plus loin. C'était ainsi, un monde faisait place à un autre, et il fallait s'y résoudre.

Ironiquement, la victoire des écolos à Bordeaux avait été rendue possible par un projet auxquels ils étaient farouchement opposés. La Ligne à grande vitesse (c'est-à-dire la capacité pour le TGV de relier Paris à Bordeaux en près de deux heures), était pour les écologistes locaux et nationaux une hérésie qu'il fallait combattre, au nom de la sauvegarde de la nature. Paradoxalement, celle-ci a accéléré la « gentrification » de Bordeaux et a permis à des milliers de Néo-Aquitains de s'installer dans le quartier de mon enfance, et d'y acheter des logements devenus particulièrement onéreux. Ces nouveaux Bordelais, riches et sensibles au tri sélectif, ont constitué le gros des troupes de Pierre Hurmic. C'était cela, la nouvelle gauche. Exit les classes laborieuses, place aux bobos startupeurs. Les écologistes s'adressaient aux propriétaires d'appartements cossus, amateurs de permaculture et de lombricompost, pas aux prolétaires ou classes moyennes roulant au diesel. Fort heureusement pour eux, ils étaient parvenus à chasser ces derniers vers la grande banlieue avant les élections municipales.

Les scores des écologistes dans les grandes villes étaient impressionnants. Partout, ils triomphaient. Si leurs résultats dans les campagnes étaient très faibles (c'est toute l'ironie de ces pseudo amoureux de la nature que de ne pas parvenir à se faire apprécier des ruraux), EELV rencontrait bel et bien un large succès.

Les mois qui suivaient montraient la déclinaison concrète de leur programme. Le projet des écolos urbains tenait en trois phases que l'on observait à peu près dans toutes les grandes villes dont ils avaient la charge. Je définissais ce triptyque dans un ordre chronologique ainsi découpé : « déconstruction », « boboïsation » et « islamisation ».

La phase de « déconstruction » est la plus ancienne, la plus aboutie. Depuis 40 ans, les Verts (et la gauche progressiste en général) sont à pied d'œuvre pour parachever ce dessein. Dès mai 1968, ils ont su éclipser les grèves ouvrières pour mieux imposer leurs slogans libéraux (« jouir sans entraves » ; « interdit d'interdire »). Ils ont caricaturé le général de Gaulle pour son conservatisme et sa verticalité, allant jusqu'à le comparer à Hitler pour les plus véhéments. C'était d'ailleurs les prémices d'une nouvelle rhétorique à gauche. Toute personne avec laquelle la néo-gauche avait un désaccord pouvait se faire traiter de nazi. Il en restait toujours quelque chose de sale et d'infamant. La méthode était imparable.

Durant près d'un demi-siècle, les ancêtres des écolos urbains (c'est-à-dire les post-soixante-huitards) ont mené un travail laborieux de *lobbying* à l'endroit des Français. Ils se sont emparés de tous les relais de pouvoir et d'influence, à commencer par le monde universitaire, les médias et les partis politiques. En seulement un demi-siècle, ces ayatollahs de la déconstruction ont précipité l'effondrement de la famille, du catholicisme, de l'école et du patriotisme.

Théoriciens de la liberté sans entraves en Mai 68, ils ont engendré la société du politiquement correct et de la bien-pensance. Ils prétendaient libérer le débat public ? Ils l'ont aseptisé. Ils souhaitaient émanciper les individus ? Ils les ont rendus tristes et individualistes. Ils ont voulu la paix ? Ils ont ouvert les portes à la guerre civile. Ces apprentis sorciers ont tant déconstruit, qu'ils ont fini par détruire. Voilà la première phase de leur idéologie, faire table rase du passé. Sandrine Rousseau est une incarnation paroxystique de ce mouvement. Elle rassemble toute la gauche pyromane. Elle n'hésite pas à combattre son propre pays, au nom des luttes néoféministes, antiracistes ou décolonialistes. Cette première phase de « déconstruction » est en passe de s'achever. Si Sandrine Rousseau et ses camarades poursuivent le travail, afin de détruire ce qui reste debout dans la société française (police, armée, ruralité, certaines écoles et entreprises), la première étape du triptyque est bel et bien achevée dans les grandes agglomérations.

S'amorce alors la deuxième phase, la « boboïsation ». Les bobos (littéralement bourgeois-bohème) sont à la pointe de la société voulue par la nouvelle gauche écolo urbaine. Ils incarnent une sorte d'élite éclairée, comme jadis dans la Grèce antique (en tout cas c'est ce qu'ils imaginent). Le but des édiles verts est d'étendre la « boboïsation » des centres-villes. Cette dynamique, profondément éloignée de l'idéal de gauche qui prône la solidarité à l'égard des classes laborieuses, s'inscrit dans un grand remplacement sociologique. C'est ainsi que les maires écologistes accélèrent la désertion des grandes villes pour tous ceux qui n'en ont plus les moyens. Les familles pauvres sont les premières victimes du mouvement de boboïsation. La flambée des prix du logement, les difficultés de circulation, ou encore la hausse des prix, ont eu raison des catégories modestes et des classes moyennes vivant dans les grandes villes.

Dès lors qu'ils achètent une maison ou un appartement, les bobos s'empressent de réaliser des travaux à grands frais. Ils appliquent le précepte de déconstruction jusqu'à l'architecture intérieure de leurs logements. C'est ainsi que des appartements haussmanniens ou maisons de villes en pierre de taille se transforment en lofts façon Brooklyn. Les cloisons et les portes tombent pour laisser place à de vastes surfaces dénuées de toute tradition « bourgeoise ou réactionnaire ». Les bobos inscrivent leurs enfants dans les écoles les plus prestigieuses, afin d'éviter qu'ils ne se mêlent aux derniers pauvres encore en ville. À l'instar de Pap Ndiaye, ministre *woke* de l'Éducation nationale, qui a choisi la prestigieuse École alsacienne pour y scolariser ses enfants.

En quelques mois de cette seconde phase, les villes sont transfigurées. Des bacs à mauvaises herbes se multiplient sur les trottoirs, les saletés s'accumulent et des nuées de jeunes cadres dynamiques en sarouels se promènent à vélo. À quelques kilomètres de là, les anciens citadins (les moins favorisés) font construire ou rachètent des maisons neuves. De nouvelles écoles publiques sont ouvertes pour accueillir leurs enfants, les centres commerciaux ne désemplissent pas et les voitures chauffent pour aller travailler.

La dernière phase du triptyque est celle de « l'islamisation ». S'il s'agit de l'étape la plus inquiétante pour l'avenir des grandes villes européennes, c'est aussi la plus récente. Elle n'en est qu'à ses prémices pour la plupart des métropoles françaises. Largement facilité et rendu possible par les phases de « déconstruction » et de « boboïsation », cet ultime temps s'engage avec différents degrés de maturité selon les villes.

À Bordeaux, l'insécurité progresse constamment, les attaques au couteau se multiplient, tout comme les vols à l'arraché. Le maire écologiste est sollicité pour agir, mais préfère nier le réel et se cantonner à une politique sociale. Attachés aux vieilles lunes de la gauche progressiste des années 1980, les édiles écologistes croient toujours que l'unique cause de l'insécurité est la pauvreté. Les mêmes ne se rendent pas compte qu'ils stigmatisent ainsi les classes populaires en les associant de fait à la délinquance. Ils oublient que dans nombre de départements pauvres, à l'instar des Ardennes ou de la Creuse, l'insécurité et la violence sont quasi inexistantes. Partants de cette erreur d'appréciation, ils poursuivent inlassablement la construction de gymnases, piscines municipales et logements sociaux, sans guère d'effets. À Bordeaux comme ailleurs, les métropoles sombrent et les écolos regardent ailleurs.

À Grenoble, la situation est plus préoccupante. Depuis plusieurs années, le maire écologiste Éric Piolle a eu tout loisir de déconstruire sa ville et de la boboïser. Il s'engage désormais avec allégresse dans la troisième phase. L'insécurité ne le préoccupe guère. Il préfère croiser le fer avec le ministre de l'Intérieur pour autoriser le port du burkini (maillot de bain couvrant pour les femmes musulmanes) dans ses piscines municipales. En accédant aux revendications des lobbys islamistes, M. Piolle s'assure un nouvel électorat, qui vient compléter le gros de ses troupes bobos. Certes le procédé n'est ni éthique, ni républicain, mais il est profondément efficace. En quelques années, l'expression visible de l'islam politique pourra devenir une norme à Grenoble, avec la bénédiction du maire et des bobos déconstruits.

À Bruxelles, la phase d'islamisation est bien plus avancée. Une des rares études non censurées sur le sujet avait été menée en 2008 par le journal belge de référence *La Libre*. Le grand quotidien indiquait que la capitale de l'Union européenne serait à majorité musulmane vers 2030. À l'époque déjà, près d'un tiers de la population de Bruxelles était musulman. Olivier Servais, sociologue à l'Université catholique de Louvain, évoquait la forte natalité des familles musulmanes et l'aspect inexorable de ce mouvement. Depuis 2001, Mohamed est, chaque année, le premier prénom donné aux garçons nés à Bruxelles. En France, 74 % des jeunes musulmans affirment mettre l'islam avant la République[1] ; le fait que l'islam devienne dans les prochaines années la première religion de certaines grandes villes européennes constitue un fait inédit et majeur.

Loin de ces considérations, qu'ils percevraient comme fascistes ou « d'extrême droite », les écolos urbains poursuivent méthodiquement leur œuvre d'affaiblissement social et politique des grandes villes. Certes, ils commencent à s'inquiéter de la prolifération de la drogue et de la violence, réclament de la vidéosurveillance et plus de police dans les rues, mais pour le moment tout va bien. Ils progressent dans ces trois phases tel le bœuf gras défile fièrement jusqu'à l'abattoir.

Les néo-écologistes sont de faux protecteurs de la planète et de vrais destructeurs de la France. Ils occultent toute politique écologique ambitieuse en excluant les principaux leviers qui pourraient être actionnés pour agir sur le dérèglement climatique. Par leur opposition dogmatique au nucléaire, par leurs mesurettes ridicules dans les grandes villes, et par leur négation de l'enjeu démographique, ils éclipsent les vraies causes des déséquilibres environnementaux. Ils verrouillent le débat écologique et le tirent vers le bas. L'environnement est un sujet majeur qui exige des changements radicaux ; à commencer par la maîtrise de la démographie au niveau de la planète et la sortie de la

1. Sondage IFOP conduit en 2020.

mondialisation. Sur ces deux sujets, les Verts sont aux abonnés absents. Ils ont en revanche une large capacité à précipiter la France dans les bras de ses ennemis. Qu'il s'agisse de l'islam politique, de l'ensauvagement de nos rues, ou des théories sociétales américaines (« *gender studies* », « *cancel culture* », etc.), les Verts sont systématiquement les premiers sponsors de l'effondrement du pays.

Non seulement cette nouvelle gauche n'avait plus rien à voir avec sa propre histoire (qu'il s'agisse des premiers écologistes ou des racines du socialisme populaire et patriote), mais surtout, elle gagnait du terrain chez les jeunes et dans les milieux bourgeois urbains.

Définitivement disqualifié par cette nouvelle gauche bobo, en raison de ma couleur de peau, mon sexe ou ma supposée religion, j'avais tout loisir d'écrire et de m'exprimer comme je l'entendais. Je m'affranchissais du politiquement correct et de la bien-pensance professés par cette néo-gauche moralisatrice. Cela a suscité chez moi un profond sentiment de libération. Je pouvais, par mon livre, mes tribunes et mes premières prises de parole à la télévision, faire fi de l'avis de ces arbitres des élégances et autres pères la morale. Lorsque j'écrivais un texte pour *Le Figaro* ou *Marianne,* que je m'exprimais sur RTL ou CNews, je savais que mes « camarades » de la gauche bobo-écolo me maudissaient. En me passant de leur autorisation morale, jouissant d'une expression libre sur l'insécurité, l'immigration ou le patriotisme, je savais ce qu'il en coûtait. C'était un aller sans retour. En quelques mois, l'influence de ces leaders d'opinion leur permettait de me déplacer du camp du bien, vers celui du mal. Il était très perturbant de voir à quel point ces gens, ultra-minoritaires au sein du pays, pouvaient imposer leur terreur intellectuelle à des millions d'autres. Par la simple accusation de conservatisme, ou pis, de suspicion d'appartenir à l'extrême droite, ils parvenaient à faire et défaire les destins. Certes, les brevets en respectabilité délivrés par ces gens-là étaient utiles, mais courber l'échine devant leurs inepties dangereuses m'était devenu impossible.

C'est donc depuis l'avant-poste du monde médiatique que je suivais la « recomposition de la gauche » comme on la nommait alors. Je n'étais plus directement impliqué dans les discussions avec l'ancien président Hollande et ses amis, et n'avais plus aucune fonction syndicale ou politique (qu'il s'agisse de l'UNEF ou du PS). Je suivais la primaire écologiste avec délectation. Galvanisé par ses succès urbains aux dernières élections municipales, le parti écologiste avait le vent en poupe et caressait l'espoir d'un score à deux chiffres à l'élection présidentielle. L'enjeu n'en était que plus important pour les différents protagonistes.

Chroniqueur dans l'émission de mon ami Éric Brunet sur LCI, je commentais les déclarations tonitruantes de Sandrine Rousseau, nouvelle coqueluche des médias. En plateau, Éric me laissait une liberté de ton pleine et entière (ce qui me changeait des jeunes loups du MJS). L'homme était attachant et pétri de culture. Avant chaque émission, nous prenions le temps de parler à bâtons rompus des turpitudes des écologistes et de mes anciens camarades du PS. Un brin taquin, Éric savait me charrier sur les déboires de la gauche. Nous avions certes deux traditions intellectuelles différentes, mais nous partagions l'amour de l'histoire et le goût pour la liberté, fût-elle conquise de haute lutte.

Je voyais dans l'affrontement qui se dessinait entre Yannick Jadot et Sandrine Rousseau, le creuset du conflit des deux gauches dites « irréconciliables ». D'un côté Jadot, l'écologiste réformiste, idiot utile de la mondialisation et de l'Europe de Maastricht, de l'autre Rousseau, la *passionaria* de l'éco-féminisme et de l'islamo-gauchisme. Yannick Jadot incarnait l'écologie Greenpeace, à l'œuvre (sans succès) depuis plusieurs années. Pas vraiment original, il était de ces écolos tendance « tradi », adeptes du militantisme de kermesse, alternant manifs sous les fenêtres des sociétés multinationales, lobbying à Bruxelles et pique-niques géants à base de salades de tofu. S'il n'était pas neuf, il avait le mérite de la fidélité à ses convictions. Sous le joug de la néo-gauche, il était tenu à la plus grande prudence. Homme blanc de plus de cinquante ans, il se savait dans le viseur des néo-écolos. À l'instar de novembre 2019, où il signait l'appel à participer à la très polémique « marche contre l'islamophobie », tout en déclarant qu'il ne s'y rendrait pas et ne validait pas « l'ensemble du texte », Yannick Jadot faisait preuve d'une couardise maîtrisée. C'était tout un art à gauche.

Bien que perdante de quelques milliers de voix, Sandrine Rousseau était la vraie gagnante de ce duel. Elle avait su imposer ses thèmes, là où son adversaire s'était montré poussif et sur la défensive. Alors que je commentais les débats à la télévision, le malheureux Jadot passait pour un modéré sans envergure, là où Sandrine Rousseau apparaissait pugnace et offensive. Par ses sorties polémiques et délirantes, la candidate éco-féministe était populaire chez les jeunes écologistes, dans les milieux universitaires et auprès des bobos. Son racisme lorsqu'elle déclarait que « ce n'était pas aux hommes blancs à vélo dans les villes » de représenter « l'écologie » ou encore sa bêtise lorsqu'elle prônait l'accueil des terroristes afghans en France « pour les surveiller », séduisaient la néo-gauche.

Lorsque j'échangeais avec les autres éditorialistes ou élus présents sur les plateaux de télévision, le phénomène

Rousseau intriguait. Quelques jours avant le second tour, un haut dignitaire de la gauche me confiait hors antenne : « C'est elle qui fait la loi. On ne doit pas la critiquer car on est des mecs blancs. Méfie-toi. » Cet avertissement ne m'impressionnait pas, et me faisait plutôt sourire. Qu'un homme de cette envergure soit terrifié devant les inepties de Sandrine Rousseau en disait long sur l'état de peur et de lâcheté qui règne en politique. Je ne minimisais pas l'influence de la candidate malheureuse à la primaire. J'étais convaincu que la gauche Rousseau avait devant elle des lendemains radieux, là où celle des sociaux-démocrates ou de Jadot s'inscrivait déjà dans le passé. Mais j'étais décidé à ne pas me laisser impressionner.

D'émissions en émissions, à la radio, sur les chaînes d'information, je comprenais le poids de la pensée écolo urbaine sur le débat. Tous les « écologistes » avec lesquels je débattais n'avaient d'yeux que pour les grandes métropoles et les sujets sociétaux (30 km/h en ville, cours d'écoles non genrées ou burkini). Je constatais par la même occasion leur ignorance sur les sujets clés de l'environnement, à l'instar de la politique agricole, de la ruralité ou de la diplomatie écologique. Mes contradicteurs des Verts utilisaient l'écologie urbaine et bobo comme un écran de fumée pour masquer leur absence de mesures structurelles et d'envergure pour lutter contre le dérèglement climatique. Que pensaient-ils du libre-échange ? Comment relocaliser la production industrielle en France ? En quoi la limitation des naissances était une option à considérer pour endiguer les crises écologiques à venir ? Toutes ces questions demeuraient sans réponses.

L'hégémonie de ce prêt-à-penser écolo-bobo sans profondeur intellectuelle est à trouver dans l'apprentissage de la question écologique. Dès le plus jeune âge, les jeunes générations sont biberonnées au prêchi-prêcha écocitoyen, tout en creusant leurs lacunes en français, histoire ou mathématique. L'écologie à la Greta Thunberg l'emporte sur les sciences ou la réflexion philosophique. En résulte une succession de poncifs infantilisants, sans jamais répondre aux questions de fond que pose la défense de l'environnement. Très tôt, l'écologie et les théories vaseuses de la gauche intersectionnelle se superposent dans un métissage douteux. L'aspiration légitime et souhaitable de la jeune génération à la préservation de la planète se trouve captée par des écologistes de pacotille, qui imposent des dogmes mortifères en lieu et place du combat écologiste. C'est ainsi que des concepts fumeux comme l'éco-féminisme font leur apparition, et séduisent les jeunes.

Fort de ce constat, je dénonçais l'imposture verte à gauche. Alors que j'intervenais sur RTL face à une élue écologiste, proche de Sandrine Rousseau, je rappelais que seulement 3 % des ouvriers votaient pour EELV. D'évidence, les Verts et leur triptyque « déconstruction, boboïsation et islamisation » ne faisaient pas recette auprès du peuple de France. Je comprenais que le gros de l'électorat d'EELV à l'horizon de la présidentielle se trouverait dans les beaux quartiers, les grandes métropoles, et certainement pas dans les anciens fiefs de la gauche communiste ou socialiste. Ceux-là avaient quitté la gauche partisane depuis fort longtemps. J'étais fier de suivre le même chemin qu'eux.

VII

La lutte finale

Debout les damnés de la terre,
Debout les forçats de la faim,
La raison tonne en son cratère,
C'est l'éruption de la faim.
Du passé faisons table rase,
Foule esclave debout, debout,
Le monde va changer de base,
Nous ne sommes rien soyons tout.

L'Internationale, EUGÈNE POTTIER (1871).

Ma nouvelle vie me plaisait. Je jouissais d'une forme pure et sincère de liberté. Débarrassé des convenances et des interdits qu'imposait la gauche partisane à ses militants, je m'exprimais avec pour seule autorité morale celle que je m'étais fixée. Enfin, je pouvais penser, écrire, ou parler sans risquer la censure des sectaires. L'orientation que je prenais était seulement déterminée par ceux que j'avais choisi de lire ou d'écouter. Je ne rendais pas des comptes à d'obscures apparatchiks ou autres politiciens, mais directement aux textes de De Gaulle, de Jaurès ou de Proudhon. Ceux que mon esprit avait choisi de prendre pour modèles m'accompagnaient. Ils me guidaient dans le débat public.

Je retrouvais dans les émissions de débat auxquelles j'étais convié, le plaisir de converser et de s'opposer que j'éprouvais en famille ou entre amis. J'étais d'ailleurs, à peu de chose près, le même dans les deux situations ; une sorte d'exercice de sincérité en somme. Régulièrement, mes détracteurs issus de la gauche morale (entendre ici principalement *woke* et urbaine), m'attaquaient pour mes participations aux émissions de Pascal Praud ou d'Éric Brunet. Leurs griefs étaient toujours les mêmes. Ils nous reprochaient d'être « au café du commerce ». Les pauvres ignoraient que par ce quolibet, ils me donnaient une profonde fierté. J'aimais cette expression, et je pensais à eux dès que je m'installais à la terrasse d'un « café du commerce » ou d'une de ses variantes : « le balto », « le café des sports », « le café du marché », etc. Converser dans un café me semblait être la plus noble des aventures intellectuelles collectives.

Par cette arrogance et ce mépris de classe, la gauche bobo se révélait, au fond. Ces gens dévoilaient leur vision du débat et la nature ultime de leur snobisme moralisateur. Ils méprisaient ce qui « faisait peuple », « populo », ou « populiste ». Ils ne pouvaient supporter le peuple français plus de deux minutes, et ce depuis des années. Pour eux le débat devait être une espèce de salon mondain, feutré et sans contradiction. Donner la parole à un chauffeur de taxi ou à un artisan à la radio ? Vous n'y pensez pas. Sauf éventuellement pour le tourner en ridicule ou le caricaturer en plouc d'extrême droite. La gauche médiatique aimait ricaner lorsque le peuple s'exprimait, avec ses accents, ses fautes d'orthographe ou son parler vrai. Dans le monde des médias, la gauche morale triomphait lorsqu'elle raillait la vieille France et ses traditions. La gallophobie et le mépris de la France rurale, périphérique ou modeste, était une mode à gauche. Que nous osions y déroger chez Praud ou chez

Brunet leur était insupportable. Pour ma part je n'avais aucun doute, j'étais au bon endroit.

J'avais remarqué, lorsque j'étais moi-même téléspectateur des débats politiques, qu'il était bien vu, chez bon nombre d'éditorialistes, d'arborer une fausse neutralité. Celle-ci donnait d'emblée un air sérieux, pondéré, mesuré. Camouflée sous des titres ronflants, la gauche morale s'était fait une spécialité de s'adonner à cette dissimulation médiatique. Ainsi, de nombreux militants de gauche (il s'agissait systématiquement de la gauche *woke*, et jamais de la gauche patriote ou populaire) se définissaient sur les plateaux tels des chercheurs, linguistes, ethnologues, etc. Dès lors qu'ils ouvraient la bouche, il ne fallait pas longtemps pour comprendre l'idéologie qu'ils défendaient en réalité. Mais l'illusion produisait ses effets. Leur contradicteur était présenté comme polémiste ou essayiste conservateur, tandis qu'eux bénéficiaient d'une aura naturelle conférée par leurs titres. La méthode était imparable.

Pour ma part je ne croyais pas à la neutralité des éditorialistes dans les médias. Dans la plupart des cas, neutralité rimait avec centre gauche, mondialisme et européisme. Je pensais que le débat public était grand lorsqu'il était réellement contradictoire. La transparence dans les opinions des éditorialistes est un gage de sincérité vis-à-vis des lecteurs ou téléspectateurs. Proposer un échange d'opinions, devant un public préalablement informé, au cours duquel les intervenants se confrontent avec franchise, est la meilleure façon de garantir un débat digne d'une démocratie accomplie. L'absence de pluralisme ou la contradiction feinte d'éditorialistes finalement tous d'accord représentent une menace pour la confiance du peuple envers les médias.

J'aimais les débats contradictoires et sans faux-semblants. Je préférais la confrontation authentique entre adversaires politiques ou intellectuels aux émissions où tous partagent la même opinion en singeant la contradiction. L'opiniâtreté lors du débat n'empêchait pas la courtoisie, la sympathie, voire l'amitié que l'on pouvait avoir à l'égard de ses opposants. Je partageais d'ailleurs avec quelques amis journalistes, écrivains ou éditorialistes cette même vision du respect de l'autre et de l'honnêteté, par-delà nos oppositions intellectuelles.

C'était fort de ces quelques principes, que je m'aventurais dans le réacteur du débat médiatique. Je voulais une bonne fois pour toutes « peser de l'intérieur ». Pas au sein d'un parti politique cette fois, mais directement auprès de ceux qui me faisaient l'honneur de me lire ou de m'écouter. La période était particulièrement propice, alors que s'amorçait la campagne présidentielle. À la rentrée 2021, j'étais chroniqueur sur RTL chaque mardi, et le soir sur LCI et CNews. Jamais de ma vie d'enfant de la gauche, modeste et provinciale, je n'aurais songé participer ainsi au débat public. J'abordais cette tâche avec humilité et reconnaissance envers ceux qui me faisaient confiance.

D'une certaine façon, j'avais franchi le Rubicon. Je n'étais plus le spectateur impuissant des décisions du parti ou un anonyme qui espérait vainement « peser de l'intérieur », mais un observateur critique qui allait enfin pouvoir défendre ses idées.

Le mois d'octobre 2021 était celui de la désignation du candidat socialiste à la présidentielle. Nous savions que la tâche serait rude, mais même au bord du gouffre, le PS demeurait un grand parti, où l'on continuait de se battre comme s'il était réellement possible de gagner. Anne Hidalgo s'opposait à mon camarade Stéphane Le Foll. Je savais par des bruits de couloirs que le match était plié. Au PS, j'avais appris à croire les rumeurs, car les informés qui en étaient à l'origine s'avéraient toujours être ceux qui intriguaient pour qu'elles deviennent réalité. Ceux-là ne prenaient donc pas grand risque à annoncer des événements qu'ils préparaient eux-mêmes méthodiquement. Cela m'interpellait depuis toujours à gauche. Qu'il s'agisse du PS, du MJS ou de l'UNEF, certains avaient un talent inouï pour les magouilles d'arrière-boutique. Rien d'illégal, mais ces spécialistes de la boule puante, des négociations nocturnes et autres coups tordus, s'imposaient systématiquement comme les rois des congrès et des votes internes. Souvent permanents du parti, attachés parlementaires ou élus, ils étaient les vrais maîtres à bord. Comme dans la série TV *Baron Noir*, ils passaient le plus clair de leur temps à organiser des coups de Trafalgar, tous plus fourbes et imprévisibles les uns que les autres. Naturellement, les mêmes n'étaient jamais source d'aucune idée ou pensée structurée pouvant être utile au socialisme. Si ceux-là annonçaient la défaite de Stéphane Le Foll, c'est qu'ils l'avaient organisée et qu'elle adviendrait. Cela ne faisait aucun doute.

L'affaire était effectivement entendue. Olivier Faure, chef dénué de charisme et de talent avait tout prévu. Entouré de ses principaux lieutenants et apparatchiks, il s'était assuré qu'Anne Hidalgo remporte le vote interne. J'ignorais ce qu'il avait dans la tête par cette désignation, mais elle devait probablement servir son intérêt à moyen ou long terme. Souhaitait-il la pousser à une défaite, pour mieux asseoir son pouvoir sur le parti ? Je penchais pour cette théorie. Elle était cynique et court-termiste, mais collait bien au personnage. Comme les derniers empereurs romains, adeptes de complots mais piètres défenseurs de Rome, Olivier Faure était le tacticien qui accompagnerait le PS dans sa chute. Il ne brillait guère que par quelques manigances politiciennes sans intérêt. La suite confirmera d'ailleurs cette analyse.

Dès son lancement, la campagne d'Anne Hidalgo était prévisible, attendue. Jour après jour, je commentais des images déconcertantes de salles de meetings à moitié vides. Les journalistes filmaient les rangées de chaises des fonds de salles que l'on avait retirées à la hâte afin d'éviter la mauvaise publicité. Lorsque je discutais les week-ends avec des militants socialistes, ils me disaient leur désarroi en ce début de campagne. Il était bien difficile de distribuer les tracts sur les marchés, d'échanger avec les passants ou d'évoquer le projet du PS sans essuyer des railleries, voire une désapprobation claire et nette. Depuis toujours l'exercice militant était rude et parfois ingrat, mais au moins la force de l'idéal et l'horizon de victoire soulageaient les vaillants qui s'engageaient. En ce mois d'octobre, le cœur n'y était pas. Les rangs du PS étaient clairsemés. Particulièrement lorsque l'on quittait Paris.

Comme on pouvait s'y attendre, le parti s'attelait à cette campagne comme il l'avait toujours fait. La candidate bénéficiait d'une équipe de campagne pléthorique. L'organigramme était composé de dizaines de noms aux fonctions et aux portefeuilles ronflants et redondants. Peu importe, tout le monde devait pouvoir lire son nom auprès de la candidate, comme si tous devaient un jour figurer au gouvernement de la présidente Hidalgo. Certains hauts dignitaires socialistes raillaient déjà « en off » cette équipe de campagne, expliquant qu'il y aurait probablement plus de personnes pour conseiller la candidate que d'électeurs potentiels.

Le pire avec cette campagne, ce n'était pas la forme mais bien le fond, ou plutôt son absence. En l'occurrence, il ne fallait pas accabler Anne Hidalgo. La candidate n'était pas seule responsable du manque de projet politique du PS. C'était bien le parti qui, comme le déclarait justement François Hollande « n'avait pas travaillé en cinq ans ». En résultait une sorte de canard sans tête idéologique. La candidate socialiste ne savait pas où se positionner sur l'économie, la mondialisation, l'insécurité ou encore la diplomatie. Comme j'avais pu le constater de l'intérieur, les partis politiques n'étaient plus des lieux de création d'idées. La maire de Paris se positionnait d'emblée sur des propositions mal élaborées et démagogiques, à l'instar du doublement du salaire des professeurs. La manœuvre était grossière pour séduire ce qui restait de l'électorat socialiste. Elle sonnait comme celle de la dernière chance. Quelques semaines plus tard, la nouvelle proposition marquante d'Anne Hidalgo concernait l'euthanasie, ou plutôt « le droit de mourir dans la dignité ». La candidate caressait l'espoir de faire de cette mesure son abolition de la peine de mort, ou son « mariage pour tous » à elle. S'inscrivant dans la tradition des présidents socialistes, son principal fait d'armes serait de mener la bataille sociétale, au nom du progressisme. Mais cette fois, cela ne prenait ni auprès de la gauche, ni auprès des Français.

Sur les plateaux de télévision, je croisais souvent des représentants du Parti socialiste en charge de défendre leur candidate. Il ne s'agissait pas d'une mince affaire. J'étais amusé de voir ces « ténors » traîner des pieds devant les plateaux des chaînes d'information. Un peu comme des élèves qui auraient une interrogation surprise, ils attendaient leur tour de parole anxieux et fébriles. Beaucoup me confiaient espérer que le présentateur les interroge sur tous les sujets possibles, exceptés ceux liés à la campagne d'Anne Hidalgo. J'étais amusé de les voir plus à l'aise dans le commentaire des images de rodéos urbains ou de la hausse des prix du gaz, que dans la défense de leur candidate.

Lorsque la campagne présidentielle était abordée, mes ex-camarades balbutiaient quelques éléments de langage appris à la hâte, avant de repasser la parole. Quitte à se faire copieusement moquer par les autres invités. Condamnés à la nuance en toutes choses, forcés à ne pas dire le fond de leur pensée, soucieux de ne pas déroger à la ligne du parti, je mesurais la difficulté de l'exercice et le bonheur que j'avais de pouvoir m'y soustraire. À la fin de l'émission, nous prenions souvent quelques minutes pour boire un café. Pendant que nous parlions, je voyais les représentants du PS recharger frénétiquement les applications de leurs téléphones. Les malheureux s'inquiétaient des commentaires qu'ils suscitaient, qu'ils proviennent des réseaux sociaux ou des chefs du parti. Ils redoutaient la critique et m'interrogeaient : « Ça va, tu ne trouves pas que j'ai été trop mou dans la défense d'Hidalgo ? On va encore me reprocher de ne pas être assez impactant… » Il était drôle de voir ces gens que je croyais jadis influents et puissants, terrifiés à l'idée de déplaire. Je repensais souvent à leurs regards inquiets lorsque je les quittais à bord de ma voiture. Comme un souffle de liberté, je mesurais ma chance de n'avoir de comptes à rendre qu'à moi-même. La vie était douce quand on ne se battait que pour des idées.

Cette campagne semblait ne pas avoir lieu. Lors de nos débats à la télévision ou à la radio, la pandémie de coronavirus occupait encore largement les discussions. Les sujets d'actualité et autres « faits divers » prenaient souvent le pas sur cette campagne bien morne. D'une nature optimiste, je me prenais à dire régulièrement du bien de deux potentiels candidats lors de mes interventions. À gauche, Arnaud Montebourg me semblait incarner un espoir. L'ancien ministre de François Hollande s'était battu pour les hauts fourneaux, avait prôné la démondialisation et le « produire en France ». Il n'en fallait pas plus pour me séduire. Ses propositions, son projet et sa vision de la gauche me convenaient assez bien. J'étais plus sceptique quant à sa personnalité quelquefois versatile, et par le nom donné à sa campagne « la Remontada ». Mais ces deux éléments n'avaient pas d'importance. Arnaud Montebourg appartenait à une gauche courageuse, et pouvait légitimement se réclamer de Jean-Pierre Chevènement. Cela suffisait à m'inspirer un certain respect.

Au fil des enquêtes d'opinions, le candidat Montebourg plafonnait à des niveaux extrêmement bas. J'attribuais cela à un élément fondamental. Par peur de déplaire aux « *wokes* » et autres bobos urbains, il n'assumait pas sa gauche. Il amenait des concepts intéressants dans le débat public, à l'instar de « la sévérité républicaine » ou du « produire en France », mais il s'interdisait de les incarner pleinement. Le point de bascule de sa campagne fut son intervention sur les obligations de quitter le territoire français (OQTF) au mois de novembre. Interrogé dans « Le Grand Jury » sur LCI/RTL/*Le Figaro*, Arnaud Montebourg se montrait particulièrement ferme sur la question migratoire. Le candidat proposait de bloquer « tous les transferts » d'argent (11 milliards d'euros qui passent par Western Union) avec les pays émetteurs de clandestins. Il justifiait ainsi sa position : « Pourquoi on n'arrive pas à intégrer ? Vous avez aujourd'hui 100 000 mesures d'obligation pesant sur des personnes qui doivent quitter le territoire qu'on n'arrive pas à exécuter. Ces personnes sont là et sont d'ailleurs souvent des délinquants. Donc moi je suis décidé à taper au portefeuille. »

À la suite de la déclaration du candidat Montebourg, les réactions pleuvaient dans les médias et sur les réseaux sociaux. L'ancien ministre était pris au piège de sa déclaration. En quelques heures, il était félicité par la droite nationale et les souverainistes, tandis que la gauche *woke* sonnait l'hallali contre lui. L'inénarrable Olivier Faure s'empressait de condamner des propos qui « le heurtaient » et appartenaient à « l'extrême droite », tandis qu'Alexis Corbière (député LFI de Seine-Saint-Denis) accusait le candidat à la présidentielle de « zemmourisation ». La machine infernale était lancée contre Arnaud Montebourg. Le courage dont il avait fait preuve en décrivant une réalité partagée par une majorité de Français, allait lui coûter son brevet de respectabilité. Il le savait.

En l'espace de quelques jours, l'ancien ministre de François Hollande faisait l'objet d'une chasse à l'homme médiatique qui allait le balayer. Si sa proposition sur les OQTF allait dans le sens d'une gauche patriote, soucieuse de la défense des Français, la minorité de nuisance issue de la gauche morale était trop puissante. Les frêles épaules du candidat Montebourg ne lui permettaient pas de supporter les quolibets des petits accusateurs publics qui l'affublaient de manière mensongère du qualificatif « d'extrême droite ». Il faut dire que la méthode était rodée depuis des années. Dès lors qu'un homme de gauche osait évoquer l'insécurité ou proposer des mesures pour protéger les Français, il était immédiatement jeté à la vindicte par les suzerains de la néo-gauche progressiste. Ceux-là veillaient à insulter et à diffamer quiconque dérogeait à la morale qu'ils avaient fixée. Ils étaient les gardiens du temple de la bien-pensance.

Au bout de quelques jours, Arnaud Montebourg cédait à la pression. Sommé de s'expliquer par le tribunal inquisiteur du politiquement correct, il s'excusait tel un enfant ayant fait une bêtise. Arnaud Montebourg déclarait ainsi : « J'ai ressenti beaucoup d'émoi, beaucoup d'émotion, chez mes propres amis, dans ma famille, certains pratiquent ce soutien, cette entraide par-delà les frontières. [...] Je me suis fait engueuler par des gens que j'aime. J'ai compris que je m'étais mal exprimé. » Il voulait montrer patte blanche aux maîtres de la gauche. Trop tard, le mal était fait.

Incapable de tenir bon, le seul candidat en mesure d'incarner la gauche souverainiste s'écroulait. Quelques semaines plus tard il annonçait son retrait dans une comédie grotesque d'appels désespérés à l'union de la gauche. Essuyant des refus des autres candidats, Arnaud Montebourg se mettait en scène au téléphone tentant vainement de « rassembler la gauche ». Derrière cet exercice, le candidat ne perdait pas seulement sa crédibilité, mais aussi son idéal. Il était prêt à faire alliance avec une gauche qui n'avait rien de commun avec le projet qu'il défendait. L'initiative était vouée à l'échec et celui-ci eut lieu.

La déroute d'Arnaud Montebourg ne me réjouissait guère. Je voyais en lui l'unique candidat de gauche capable de porter certaines idées que j'appelais de mes vœux. Comme une désillusion supplémentaire, cette « dégringolada » comme la surnommèrent ses détracteurs, sonnait pour moi comme l'élimination du seul candidat de la gauche sociale, patriote et républicaine. Il fallait se rendre à l'évidence, le paysage politique à gauche était bien triste. La campagne calamiteuse d'Anne Hidalgo et le renoncement d'Arnaud Montebourg n'auguraient rien de bon pour la suite.

Contre toute attente, un autre candidat attirait mon attention. Fabien Roussel, candidat autoproclamé « coco et cocorico » détonnait dans le morne paysage de la gauche partisane. Malgré un attachement familial qui m'incitait à la bienveillance avec les communistes, je ne me sentais pas appartenir à la même tradition intellectuelle qu'eux. Bien que sceptique sur l'orientation de Fabien Roussel, le secrétaire national du parti me semblait renouer avec quelque chose qui m'était familier. Il incarnait une gauche que je croyais enterrée depuis fort longtemps. Cet homme du Nord, s'adressait au peuple de France avec la force des idées claires et savait faire preuve d'une certaine poésie. J'étais séduit par son discours social sans concessions et sa capacité à défendre la France et son mode de vie sans complexes. Le patriotisme ne s'opposait en rien à la gauche, bien au contraire.

Dans son programme, le candidat communiste associait les mesures sociales et patriotes. Il proposait des renationalisations dans certains secteurs (énergie, autoroutes, assurances, etc.), dénonçait la désindustrialisation et se prononçait pour la retraite à 60 ans. Dans le même temps, il affirmait courageusement que la sécurité publique était l'une de ses priorités. Critique envers la gauche « laxiste », il dénonçait l'insécurité « qui gangrène l'existence de tant de villes et quartiers populaires ». Parmi ses propositions, Fabien Roussel défendait le recrutement de 30 000 fonctionnaires de police, une peine de trente ans d'emprisonnement pour l'assassinat de « tout détenteur d'une autorité ». Sur la question migratoire, le communiste n'allait pas si loin que son prédécesseur Georges Marchais, qui lors de la campagne de 1981 avait estimé à juste titre que « la poursuite de l'immigration » posait « de graves problèmes ». Plus timide, le candidat Roussel déclarait tout de même sur CNews : « Si les demandeurs d'asile n'ont pas vocation à rester sur le sol français, ils ont vocation à repartir et être raccompagnés chez eux. [...] Je dis effectivement que quand on ne bénéficie pas du droit d'asile, on a vocation à rentrer chez soi. » Ce discours me convenait bien, et je ne manquais pas de le faire savoir lors de mes interventions médiatiques.

Le drame de Fabien Roussel était qu'il n'évoluait pas dans le même paysage politique que Georges Marchais. La gauche s'était embourgeoisée, elle oubliait le sens du mot « patriotisme », s'abandonnait à la facilité d'un progressisme béat sous la férule des idéologues de la gauche américaine, et ne voyait dans l'immigration de masse qu'une « chance pour la France ». Le décalage manifeste entre la gauche de Fabien Roussel, et celle des « *wokes* » largement majoritaire dans les cénacles du pouvoir médiatique, universitaire ou politique, allait lui coûter cher. Sans surprise, il a fait l'objet du même procès en sorcellerie que le malheureux Arnaud Montebourg. Tout ce que la gauche française comptait d'islamo-gauchistes, de bobos-écolos et de « *wokes* » s'est acharné sur Fabien Roussel durant des mois. Maîtres des réseaux sociaux, ils torpillaient systématiquement la campagne du communiste, le faisant passer pour un homme « d'extrême droite », un « beauf réac » ou pire un « suprémaciste blanc ». Comme toujours ces attaques étaient stupides et inexactes, mais laissaient une trace indélébile dont le candidat avait du mal à se départir, l'accusation d'être un « rouge-brun ». Cette attaque était régulièrement utilisée par les tenants de la néo-gauche qui avaient en horreur qu'un homme de gauche ait le courage de défendre la patrie ou la culture française. La foudre s'abattait sur Fabien Roussel, l'obligeant à se défendre systématiquement des critiques grotesques que formulait une partie de la gauche contre lui. À la différence d'Arnaud Montebourg sur les OQTF, Roussel était courageux, et continuait de s'exprimer librement sur le nucléaire ou sur la gastronomie française. Lorsqu'il avait déclenché la polémique en déclarant « un bon vin, une bonne viande, un bon fromage, pour moi, c'est la gastronomie française », le député du Nord avait tenu bon face à la meute des écolos-bobos.

Si la campagne du communiste ne manquait pas d'audace, elle était difficilement audible tandis que Jean-Luc Mélenchon, parti bien plus tôt, déroulait son imparable stratégie de séduction des banlieues et des bobos urbains.

Mon ex-idole Mélenchon n'avait rien perdu de sa faconde et de sa pugnacité. Fin politique et visionnaire, ses précédentes défaites lui avaient permis d'identifier son nouvel électorat. Constatant le départ inexorable des classes populaires et rurales vers Marine Le Pen, Jean-Luc Mélenchon avait choisi de les lui abandonner pour mieux leur substituer son nouvel électorat. Dès 2017, il s'était adonné à une longue entreprise de mutation politique vers une frange jusqu'alors peu exploitée par les partis politiques. En cinq ans, Jean-Luc Mélenchon avait mené une entreprise souterraine de communautarisation du vote. Celui qui fut jadis universaliste et patriote devenait adepte du multiculturalisme à l'anglo-saxonne. Il s'adressait aux musulmans pour alimenter les discours anti-France qui fleurissaient en banlieue. Sous influence de quelques idéologues décoloniaux et militants prétendument « antiracistes », le nouveau Mélenchon devenait le porte-parole des militants de la gauche *woke* américaine. Il avalisait tous leurs concepts les uns après les autres, du « racisme systémique » à « l'islamophobie », en passant par les attaques à répétition contre la police qui « tue ». J'étais déçu par l'opportunisme politique de celui que j'avais tant admiré jadis.

Par son discours, Jean-Luc Mélenchon espérait séduire deux catégories importantes de Français. Les jeunes urbains, diplômés et adeptes de la propagande intersectionnelle « *made in USA* » et les Français issus de l'immigration. La stratégie était de réunir la gauche des grandes villes qui avait fait élire les maires écolos-bobos (à Bordeaux, Lyon,

Grenoble) et les banlieues. Par un discours *woke* (décolonialisme, néoféminisme, etc.) et un programme ambitieux en matière d'écologie (à mon sens un des seuls atouts du projet de 2022), le candidat insoumis séduisait les Français urbains et favorisés. Par son laxisme vis-à-vis des voyous et sa complaisance avec l'islam politique, Jean-Luc Mélenchon donnait des gages. Le charisme tribunitien et la culture du candidat feraient le reste. La stratégie était imparable. Amplifiée par le phénomène de vote utile, elle s'avérait payante dans les enquêtes d'opinion, quelques mois avant le premier tour de l'élection présidentielle.

De plus en plus présent sur les plateaux TV, je mesurais l'écho médiatique du candidat Mélenchon par rapport à ses concurrents de gauche. Personne ne se hissait à sa hauteur. Incapables de définir leur ligne politique, les socialistes étaient à la dérive, les écologistes, emmenés par l'insipide Yannick Jadot étaient inaudibles, et le vaillant Roussel peinait à incarner l'alternative à gauche. La stratégie de Jean-Luc Mélenchon emportait l'adhésion du nouvel électorat de gauche, ne laissant que quelques miettes aux autres candidats. De son côté, Marine Le Pen se stabilisait grâce à l'ex-électorat de la gauche populaire. Elle parvenait à contenir la poussée d'Éric Zemmour par un discours social puissant, axé sur le pouvoir d'achat. Tout cela convenait bien aux différents protagonistes de l'élection et dessinait l'issue de la présidentielle. Les bobos des villes et les banlieues iraient à Jean-Luc Mélenchon, tandis que la France périphérique et le prolétariat reviendraient à Marine Le Pen. Emmanuel Macron tirait son épingle du jeu en étant à la confluence de tout cela. Le président sortant séduisait les retraités par son flegme sur le COVID ou l'Ukraine et s'assurait une rente de situation auprès des « modérés » de tout poil, renvoyant dos à dos les « extrêmes ». Bien que minoritaire dans le pays, Emmanuel Macron pouvait conserver le pouvoir par sa centralité. Il était une sorte de « valeur refuge » pouvant pencher à droite ou à gauche au gré du vent. Il naviguait, opportuniste, selon les polémiques de ses « extrémistes » d'adversaires. En s'imposant comme le camp de « la raison » (expression utilisée par Clément Beaune), le président-candidat s'assurait la victoire.

Le jour du premier tour, je me rendais au bureau de vote de Oiron, où j'habitais en Deux-Sèvres. Là-bas, à l'issue de près d'une heure de discussion avec les amis et voisins, de gauche, de droite et d'ailleurs, je comprenais que les uns et les autres n'attendaient rien de l'élection. On m'interpellait : « Toi qui commentes tout ça à la TV, tu peux nous le dire, Macron va repasser facile hein ? » j'opinais du chef. Certains me disaient leur intention de voter pour Marine Le Pen : « Elle n'est pas vraiment comme son père, ça a changé le FN. Et puis c'est la seule à parler de nos problèmes ! » D'autres avaient hésité à venir, et puis avaient fini par le faire car c'était « un devoir ». Je ne ressentais dans ces échanges aucun espoir, aucune croyance dans l'issue du chemin démocratique. C'était pourtant le seul, et cela m'inquiétait.

J'avais passé l'après-midi à bricoler dans la grange qui jouxte ma maison. Trop loin de Paris pour aller commenter moi-même le niveau record de l'abstention sur les chaînes d'info, je n'avais pas le cœur à écouter mes collègues éditorialistes sur la petite télévision de ma cuisine. Ils avaient la lourde tâche de meubler toute la journée, je savais l'exercice difficile. À 20 heures, nous allumions la télévision avec quelques amis, le résultat était sans surprise. La gauche était absente du second tour. Le duel qui devait conduire, une fois encore Emmanuel Macron à l'Élysée pour cinq ans de plus se reformait. Je remplissais les verres de Chinon de mes amis, avant d'aller terminer le dîner en cuisine. C'était de la blanquette de veau, mon plat préféré.

VIII

Unions et désunions de la gauche

L'on fait plus souvent des trahisons par faiblesse que par un dessein forcé de trahir.

FRANÇOIS DE LA ROCHEFOUCAULD,
Réflexions ou sentences et maximes morales (1613-1680).

Pour la troisième fois de l'histoire de la Ve République, un Le Pen se trouvait finaliste à l'élection présidentielle. Depuis près d'un demi-siècle, cette famille agissait telle une sorte d'épouvantail sur le système politique et médiatique français. Devant cette figure contemporaine du diable, il y avait toujours un candidat pour incarner le camp de la raison et de la stabilité, pour ne pas dire du « bien ». Jacques Chirac, puis Emmanuel Macron ont été chaque fois perçus comme les remparts face au chaos. Que cela soit exact ou non, il n'en demeure pas moins qu'une telle situation, dans laquelle on demande aux électeurs de choisir entre le bien et le mal tout en les incitant à choisir le bien, s'avère profondément malsaine pour une démocratie accomplie. En voyant poindre ce second tour entre Marine Le Pen et Emmanuel Macron, je savais d'avance que cette comédie éculée allait de nouveau avoir lieu.

Dès la minute où le visage de Marine Le Pen était apparu sur mon écran de télévision, au soir du premier tour, je voyais défiler les images à venir. Je croyais distinguer dans les effluves de ma blanquette de veau qui mijotait sur le gaz les pitreries que nous réserverait cet entre-deux tours. Je voyais déjà les tribunes d'artistes qui appelleraient à « refuser la haine », les tweets douteux qui feraient des parallèles entre Marine Le Pen et le nazisme ou encore les diffusions répétées de compilations des pires déclarations de Jean-Marie Le Pen (et elles étaient nombreuses). Le président et ses soutiens appelleraient la nation à s'unir face au péril imminent qui menace le pays. Avec eux, toutes les « forces progressistes », feraient corps, pour bannir les « idées nauséabondes » de l'extrême droite. La partition était écrite, il ne restait qu'à la mettre en musique. D'une certaine façon, il s'agissait d'une nouvelle tournée après la saison 2017.

J'étais agacé par la comédie grotesque du « barrage républicain ». Je n'avais aucune sympathie particulière pour Marine Le Pen et pour son projet, mais je ne pouvais me résoudre à ce que la démocratie soit ainsi confisquée. Si le Rassemblement national n'avait pas le bon programme pour la France, c'était aux électeurs de trancher, non à l'élite mondialiste. Je croyais davantage en la souveraineté populaire et son intelligence qu'en la diabolisation de l'adversaire. Les procès en sorcellerie intentés à Marine Le Pen étaient non seulement stupides, mais surtout nuisibles à la démocratie. S'il s'agissait d'une stratégie efficace pour faire réélire Emmanuel Macron à court terme, c'était aussi la plus mortifère à long terme. En plaçant l'élection sur le terrain de la morale et du péril imminent, les élites ne faisaient que creuser le fossé entre eux et les millions de Français qui votaient Marine Le Pen. Cette stratégie, à l'œuvre depuis 40 ans, et que je connaissais bien à gauche, avait produit l'exact inverse de ce qu'elle prétendait engendrer. Les scores de ce qu'ils appelaient « extrême droite » ne cessaient de croître d'élection en élection. C'est presque comme si cette croissance était dopée par le mépris et la diabolisation dont le Front national puis le RN faisaient l'objet.

Entre les deux tours de l'élection, mes amis me recommandaient la plus grande prudence. Ils m'alertaient sur la nécessité d'appeler de manière subtile à voter pour Emmanuel Macron. Dans cette période trouble, il fallait montrer patte blanche quand on était un homme de gauche. Au moyen de quelques phrases disséminées çà et là, on pouvait aisément orienter les choses. Il suffisait de dire que le Rassemblement national était « d'extrême droite », que le parti était « populiste » (une comparaison avec Donald Trump ou Bolsonaro était bienvenue) ou encore que Marine Le Pen était « un danger pour la République ». Quiconque déclarait ces quelques phrases publiquement était assuré d'une large bienveillance de la part de l'élite. À l'inverse, ceux qui dérogeaient à ce prêchi-prêcha convenu risquaient la critique, voire le bannissement. Ce fut le cas de Marcel Gauchet et Michel Onfray. Au micro d'Europe 1, le premier estimait que la candidate du RN incarnait « quelque chose de très différent de ce qu'a été l'extrême droite du passé ». Le second déclarait sur RMC : « Ça me paraît évident que Marine Le Pen n'est pas d'extrême droite. » L'un et l'autre, que l'on ne pouvait pourtant soupçonner d'aucune accointance à l'égard de Marine Le Pen avaient osé déroger à la doxa du politiquement correct. Par leurs prises de position, les deux éminents intellectuels s'attiraient les foudres de la néo-gauche. Quelques heures après leurs prises de parole, tous deux faisaient l'objet d'articles acerbes de la part du journal *Libération*. « Marine Le Pen banalisée par l'intellectuel Marcel Gauchet », titrait le quotidien dans un article en date du 15 avril ; quatre jours plus tard, *Libé* récidivait, contre Michel Onfray cette fois : « Est-ce Marine Le Pen ou Michel Onfray qui a changé ? » Dans cette période, tous ceux qui osaient affirmer que Marine Le Pen n'était pas d'extrême droite (au sens rigoureux du concept, tel que défini par la recherche en science politique, à l'instar des cinq critères qui caractérisent l'extrême droite d'après Cas Mudde : racisme, nationalisme, xénophobie, opposition à la démocratie, revendication d'un État fort) s'exposaient à un procès en complaisance à l'égard de la candidate. Si d'évidence, les arguments de Gauchet et Onfray étaient implacables sur le fond, le brouhaha médiatique lui, en avait décidé autrement.

Jeune éditorialiste, dont la parole était bien moins scrutée que celle de Michel Onfray ou de Marcel Gauchet, je me permettais de dénoncer ce manège ridicule de diabolisation. Avant les émissions de débat auxquelles j'assistais, je n'hésitais pas à deviser calmement et de façon courtoise avec les porte-parole de la candidate Le Pen. Je procédais ainsi comme je le faisais avec l'ensemble des élus et représentants avec lesquels je débattais, de La France insoumise jusqu'au Rassemblement national. Je décelais parfois un certain étonnement de la part des membres du RN. Trop souvent habitués à être ostracisés avant les émissions de télévision, je suppose qu'ils étaient surpris qu'un jeune essayiste de gauche puisse être aimable à leur endroit.

Mes ex-camarades du PS, et ceux de la France insoumise ou des Verts avaient trouvé une occasion rêvée de se réunir. L'accession de Marine Le Pen au second tour était un excellent moyen de rejouer leur rôle préféré, celui de l'union antifasciste. Celui-ci ne nécessitait aucune réflexion intellectuelle, ce qui arrangeait bien les uns et les autres, et permettait d'emblée d'unir tout le monde autour des grandes valeurs de la gauche.

L'union de la gauche face au « péril fasciste » avait cela d'irrésistible qu'elle ne laissait place à aucun débat. On ne discute pas lorsque la très dangereuse « extrême droite » est aux portes du pouvoir ! Il suffisait de rappeler l'arrivée au poste de chancelier d'Hitler en 1933 pour glacer le sang de n'importe quel collectif de gauche dans une salle de réunion. Depuis Mai 68, l'antifascisme de salon faisait un tabac. De SOS Racisme au barrage républicain de 2022, on jouait à se faire peur, on se prenait pour Jean Moulin, c'était grisant pour une gauche sans idées ni perspectives. Je connaissais bien cette propension à se prétendre résistants, utilisant grossièrement les codes de luttes historiques au cri de « *no pasaran* » le poing levé. Il y avait quelque chose d'hilarant à voir de frêles jeunes hommes barbus et tatoués, hurler ces slogans révolutionnaires à la tribune d'amphithéâtres à moitié vides, pour marquer leur opposition à « l'extrême droite ». La néo-gauche avait cela d'hallucinant qu'elle s'élevait contre un péril condamnable bien sûr, mais quasi inexistant depuis des décennies. En rejouant la comédie antifasciste, la gauche se trompait d'ennemi. Ceux qui depuis des années organisent le chaos en France ne sont pas à chercher du côté d'une extrême droite à l'agonie, résiduelle et ultra-minoritaire. Identifier les vrais périls et les authentiques « discours de haine », nécessiterait pour la gauche un travail d'inventaire sur son rapport aux frontières, à l'immigration de masse et à l'islam politique. Et la gauche française n'était pas prête à cela.

Alors qu'Emmanuel Macron était réélu sans surprise et que le RN engrangeait un score historiquement haut, la gauche tenait une occasion en or de se réunir. Un ancien ministre de François Hollande m'avait un jour dit que « les fins stratèges politiques étaient ceux qui savaient comprendre et utiliser le temps ». D'évidence Jean-Luc Mélenchon était l'un d'eux. Galvanisé par son bon score du premier tour (même s'il était derrière Marine Le Pen et échouait à se qualifier face au président sortant), le leader de La France insoumise savait que le moment était propice pour tenter « un coup ». À gauche, il était le seul à pouvoir se targuer d'une certaine avance et d'un socle important d'électeurs. Le PS s'était effondré, les Verts de Yannick Jadot n'avaient pas percé et les communistes avaient raté leur pari. En se montrant audacieux et offensif, Jean-Luc Mélenchon pouvait conquérir l'ensemble de la gauche. En utilisant le spectre effrayant de « l'extrême droite » d'une part, et les dangers d'une majorité autour d'Emmanuel Macron d'autre part, il pensait pouvoir unir les autres partis de gauche.

Fidèle à sa culture de l'homme providentiel (vaste paradoxe avec son projet de VIe République), Jean-Luc Mélenchon proposait directement son nom et son visage aux électeurs. Par sa formule choc – « élisez-moi Premier ministre » – il prenait de court tous ses adversaires politiques aux élections législatives. Consciemment ou non, il recherchait une forme de plébiscite, et s'inscrivait ainsi davantage dans les pas de Napoléon ou de Gaulle que de Blum ou Jaurès. Jean-Luc Mélenchon sollicitait un lien direct entre lui et le peuple, faisant fi des parlementaires ou de tous ceux qui pourraient gêner son rapport direct aux Français. J'étais impressionné par ce coup de génie politique.

Pourfendeur du capitalisme, Jean-Luc Mélenchon allait pourtant utiliser l'un de ses plus redoutables leviers et ainsi parvenir à ses fins politiques. Comme les fonds vautours, le chef des insoumis attaquait ses proies une à une afin de les vassaliser. Pour un investisseur, il peut être intéressant d'acheter une à une plusieurs entreprises jusqu'à former une puissante *holding*. Les sociétés courtisées, avec tact ou autorité selon les cas, se laissent souvent convaincre de céder *in fine* tout ce qu'ils possèdent. Pour faire croître un portefeuille de sociétés, il suffit de les prendre méthodiquement les unes après les autres en entrant au capital pour finir par les contrôler. En résulte un groupe en situation de monopole. C'est précisément ce procédé que Jean-Luc Mélenchon a utilisé auprès des autres partis de gauche. En s'en prenant successivement aux différents mouvements concurrents (souvent par l'intermédiaire de ses lieutenants de confiance, comme les investisseurs envoient leur émissaire), il les a isolés et ne leur a pas laissé le temps de s'organiser. Seule différence notable avec les mécaniques capitalistiques, Jean-Luc Mélenchon avait d'emblée affiché la couleur en s'autoproclamant candidat au poste de Premier ministre. Il asseyait ainsi son rôle tutélaire, et celui de son mouvement, la France insoumise. En mettant les autres partis de gauche devant le fait accompli, l'ex-candidat à la présidentielle savait qu'il les piégeait. Toute formation qui refuserait l'union de « la gauche », serait coupable de la potentielle défaite créée par la division. Cela permettait aussi de faire fi des différences de fond que présentaient les différentes composantes de la gauche. L'OPA (« offre publique d'achat », pour filer la métaphore capitalistique) de Jean-Luc Mélenchon sur la gauche était rendue possible par la mollesse de ses adversaires de gauche et de droite.

Les Verts ressortaient de la présidentielle plus divisés qu'au début. Le duel Jadot-Rousseau avait laissé des traces. La jeune garde du parti et les bobos les plus radicaux soutenaient Sandrine Rousseau (et par extension, Jean-Luc Mélenchon à la présidentielle), tandis que les plus anciens et les électeurs écolos Macron-compatibles s'arrimaient à Yannick Jadot. EELV n'avait pas tranché pleinement son positionnement. Sur la décroissance, sur le rapport à la mondialisation ou à la laïcité, le parti demeurait divisé. Non seulement les Verts avaient un souci de positionnement (entre les deux lignes incarnées par Jadot et Rousseau) mais ils essuyaient de surcroît une lourde défaite à la présidentielle, constatant leur incapacité à conquérir le pouvoir. Ils ne parvenaient même pas à confirmer leurs succès électoraux issus des élections municipales. Les « écologistes » n'avaient pas réussi à former un groupe lors des dernières législatives, ils ne pouvaient pas courir le risque de récidiver en 2022. Faibles et divisés, ils n'avaient d'autre choix qu'accepter l'offre de Jean-Luc Mélenchon. Sur le fond, EELV prônait la construction européenne, là où les insoumis se revendiquaient plus souverainistes. De la même manière, les Verts étaient universalistes sur les droits de l'homme, quand Jean-Luc Mélenchon était moins regardant sur les agissements de certains dictateurs. Mais les différences programmatiques ou de valeurs importaient peu, EELV était en position de faiblesse, cela valait bien de s'asseoir sur ses convictions. Parfois, en politique, l'opportunisme est une vertu.

Si les écologistes étaient faciles à racheter, il n'en était pas de même pour le Parti socialiste. Jadis locomotive de la gauche, à l'origine de deux présidents et d'un Premier ministre en cohabitation, le PS était à l'agonie après les 2 % d'Anne Hidalgo à la présidentielle. Mais même à terre, le parti de François Mitterrand bénéficiait encore d'un large socle d'élus locaux et de groupes au Sénat et à l'Assemblée nationale non négligeables. Par son ancrage territorial et un personnel politique de bon niveau, le PS pouvait résister à l'OPA de Mélenchon et conserver un groupe de députés à l'Assemblée. C'était sans compter sur la faiblesse d'Olivier Faure qui, après avoir largement critiqué Jean-Luc Mélenchon lors des derniers mois, s'apprêtait à se coucher docilement à ses pieds. La politique partisane nécessitait des talents de contorsionniste. Durant sa longue carrière au PS, Jean-Luc Mélenchon avait été cantonné aux seconds rôles derrières les « éléphants ». Face à Laurent Fabius, à Dominique Strauss-Kahn ou à François Hollande, le futur chef des insoumis n'était qu'un personnage assez peu visible. Plusieurs de ses ex-camarades au PS m'avaient confié son amertume et son désir de revanche sur les socialistes à l'issue de son départ. Le faible Olivier Faure et les quelques apparatchiks qui constituaient sa cour allaient permettre à Jean-Luc Mélenchon de tenir sa vengeance. Il allait enfin vassaliser le PS. Exit la social-démocratie et ses « éléphants » arrogants, le Parti socialiste était à genoux et se vendait à LFI pour sauver quelques sièges. Sur le fond, le virage de Jean-Luc Mélenchon vers l'islamo-gauchisme, le néoféminisme et toutes les luttes anti-françaises ne semblait plus déranger Olivier Faure. Ayant purgé le PS des derniers tenants de la gauche patriote, républicaine et laïque, il pouvait rejoindre LFI.

Partisan de cette gauche « à l'ancienne », qui ne composait ni avec l'islam politique, ni avec les déconstructeurs de la France, je ne pouvais conserver plus longtemps une adhésion au PS. Dès l'entrée du parti dans la NUPES (la « Nouvelle union populaire, écologique et sociale » était le nom de cette vassalisation de la gauche sous la férule de Jean-Luc Mélenchon), je démissionnais. Je rédigeais une lettre à l'endroit d'Olivier Faure, afin de lui expliquer mon choix, avant de lui envoyer sur son adresse e-mail. Sans surprise, le courageux chef du PS ne me répondit pas. Par correction envers mes ex-camarades de Gironde, j'envoyais copie de la lettre dans un SMS adressé au patron du Parti socialiste girondin. Je concluais poliment mon message : « Au plaisir d'échanger avec toi, amitiés, Paul. » Lui non plus ne daigna pas répondre. Honneur et courage étaient probablement des valeurs trop « réacs » et conservatrices pour le nouveau PS.

L'inélégance des cadres du parti au poing et à la rose, me confortait dans mon respect à l'égard de Fabien Roussel. Je croyais, naïvement, à sa capacité à résister à la tempête Mélenchon. Il avait fait montre de son courage lors de l'élection présidentielle. Sur le nucléaire, l'ordre public, et la culture française, il avait su tenir bon. Le PCF avait, comme le PS, les moyens de conserver un groupe au parlement sans se ranger derrière les insoumis. C'était sans compter sur l'esprit de boutiquier des partis politiques. Si l'intrépide Roussel avait su sauver l'honneur de la gauche pendant la présidentielle, son rôle était surtout de sauver le PCF après le second tour ! Comme le PS ou les Verts, le Parti communiste s'asseyait sur ses principes et passait l'éponge sur les attaques délirantes que LFI avait lancées quelques semaines plus tôt. Si Fabien Roussel avait eu l'audace de se placer dans les pas de Georges Marchais et de la gauche « à l'ancienne » durant quelques mois, le mirage prenait désormais fin.

À lire les premières propositions de la NUPES, on comprenait que c'était la ligne LFI qui l'avait emportée sur toutes les autres. Jean-Luc Mélenchon avait eu le génie de capitaliser sur le ras-le-bol (légitime) du peuple de gauche après des décennies d'hégémonie sociale-démocrate. Le tournant de la rigueur en 1983 et les mandats de Jospin et Hollande ont déçu la gauche par leur européisme, leur modération, leur centrisme et leur libéralisme. En offrant enfin un programme économique et social caricaturalement de gauche, la NUPES révélait encore plus durement les renoncements du PS au pouvoir. Le projet avait quelques éléments structurants et séduisants, à l'instar du retour des nationalisations, de la hausse du SMIC ou encore de l'embauche de milliers de fonctionnaires.

Le programme de la NUPES contenait deux risques majeurs. Sur l'aspect économique d'abord, il n'était guère qu'une liste à la Prévert de revendications sociales (parfois légitimes). Il reposait sur le vieux et simple (pour ne pas dire simpliste) constat : « Il suffit de donner de l'argent aux pauvres et de prendre aux riches. » Il passait à côté de problématiques centrales pour comprendre l'économie contemporaine : reconstruction du tissu industriel, innovation technologique ou encore réduction de certaines dépenses publiques. Mais le plus grand danger de la NUPES était le bouleversement culturel et sociologique inédit qui s'engageait. Jean-Luc Mélenchon avait opéré le choix délibéré de ne s'adresser qu'aux bobos des centres-villes et aux banlieues. Il trouvait ainsi un électorat de substitution tandis que le peuple « *old school* » (pour reprendre l'expression de Michel Onfray) était déjà parti en abstention ou chez Marine Le Pen. Pour s'adresser à ces deux catégories sociales, Jean-Luc Mélenchon donnait des gages aux tenants de l'islam politique et en même temps à ceux de la déconstruction : désarmer la police, régulariser massivement les sans-papiers, abroger les lois prétendues « anti-musulmans ». Sa reconnaissance auprès de ces derniers était ainsi confirmée par la militante décoloniale Houria Bouteldja qui déclarait à propos de Jean-Luc Mélenchon : « Dans ce magma, il y a un butin de guerre qui s'appelle Mélenchon. Il a fait un choix, on revient de loin. [...] Il était une espèce de laïcard de dingue. Aujourd'hui, il dit des choses qu'il n'aurait jamais dites il y a quinze ans. »

À propos de la stratégie de la NUPES, j'écrivais dans un article publié dans la revue *Front Populaire* : « La méthode du stratège Jean-Luc Mélenchon fonctionnait à merveille. Le vernis de la gauche des années 1930 (congés payés, réduction du temps de travail, augmentations des salaires), lui permettait d'imposer à bas bruit l'islamogauchisme, le multiculturalisme et la déconstruction. Le but étant de s'emparer du pouvoir afin de détruire ce qu'il reste des structures traditionnelles françaises. »

Si la stratégie politique était imparable, la victoire aux législatives était une tout autre affaire. Le peuple de France ne se résumait pas (pour le moment) aux bobos urbains et aux banlieues. En négligeant tous les autres, la NUPES se privait d'un important vivier électoral. Comme pour l'élection présidentielle, les résultats des législatives au premier tour ne me surprenaient que modérément.

Sur les plateaux de télévision, exercice politique oblige, tout le monde se satisfaisait des résultats de son parti. Néanmoins les circonstances étaient plus ou moins favorables aux autosatisfecits. La NUPES dont on nous prédisait un raz de marée sensationnel plafonnait à près de 130 sièges. L'hypothèse de la nomination de Jean-Luc Mélenchon Premier ministre s'évaporait en direct. Si le parti présidentiel avait réalisé une campagne législative chaotique, les Français demeuraient un grand peuple politique, et soucieux de donner une majorité (fût-elle relative) au chef de l'État. Emmanuel Macron était bien le perdant au soir des élections législatives, mais il n'en demeurait pas moins le premier parti dans les urnes. Le Rassemblement national parvenait selon les projections à augmenter massivement son score de 2017. La campagne discrète et axée sur le local de la candidate RN semblait porter ses fruits. Le parti de Marine Le Pen engrangeait un score historique et selon les projections pouvait devenir le premier opposant à la majorité présidentielle, devant LFI. Les Républicains se maintenaient grâce à leur ancrage territorial. Preuve que si le PS avait eu le courage de faire de même, il aurait probablement pu se maintenir par rapport à 2017, voire gagner quelques sièges. La soirée électorale confirmait une dynamique de fond dans le pays.

Le paysage politique allait vers une tripartition du vote et la gauche, bien que rassemblée, restait très largement minoritaire en France. L'union de la gauche sous la bannière NUPES ne pèse que 25,78 % des votes au premier tour et 11,92 % des inscrits sur les listes électorales. Pour comparaison, la gauche réunie en 1973 recueillait au premier tour des législatives 44,60 % des voix alors que ce résultat était à l'époque considéré comme une défaite (la droite remportait les élections, Pierre Messmer devenait Premier ministre). En moins de cinquante ans, la gauche a presque divisé son score par deux. Malgré les coups de menton de Jean-Luc Mélenchon et les accents guerriers de ses lieutenants, les chiffres révèlent un score de la gauche réunie historiquement faible et une abstention record. Une minorité de Français se reconnaît dans cette gauche-là. Avec de tels scores, elle montre son incapacité électorale à arriver au pouvoir.

En observant les débuts de cette nouvelle législature, je constatais plusieurs changements importants par rapport aux précédents hémicycles. Sur le fond d'abord, le Parlement retrouvait un rôle central dans les institutions du pays. On pouvait se réjouir de la capacité de débat, voire de nuisance, des députés. Le fait que le président n'obtienne pas la majorité absolue à l'Assemblée l'empêchait de mener à bien sa politique. Cela ramenait le Palais Bourbon à un rôle majeur dans la validation ou non de la politique de la nation.

Les partisans de la VIe République ou du parlementarisme à outrance, peuvent se réjouir de cette nouvelle législature. Pour ma part j'y vois plutôt une anomalie du système politique français. Depuis 1962, le président est élu au suffrage universel direct, et reçoit mandat des Français. Il est pleinement investi de la souveraineté populaire. En cohérence, il doit pouvoir conduire normalement les affaires du pays avec une majorité loyale. Dans l'esprit de la constitution de 1958, hors cohabitation, le président doit avoir les coudées franches pour mener sa politique.

Je ne me réjouissais pas de l'affaiblissement du président. Bien qu'en désaccord profond avec la vision du monde d'Emmanuel Macron, je ne voyais qu'immobilisme et chienlit derrière cette nouvelle assemblée. Elle était à l'image de notre pays aujourd'hui, difficile à lire, divisée. Le spectre de la paralysie politique planait sur les institutions.

La gauche à l'Assemblée illustre bien le déclin du politique. En quelques semaines, les députés NUPES (sous l'influence de La France insoumise et de Jean-Luc Mélenchon) ont montré leur incapacité à se placer à la hauteur du mandat dont le peuple les a investis. Par leur tenue, leurs invectives ou leur incapacité à construire des projets politiques de fond, les parlementaires NUPES révèlent une forme de décadence intellectuelle, morale et politique de la gauche. Certaines propositions de lois et certains amendements loufoques montrent bien l'état de déliquescence de ses représentants. À l'instar de la proposition de loi pour qualifier d'apartheid le régime d'Israël ou de l'amendement déposé par des députés NUPES afin de renommer la prime Macron en « prime enfumage ». Le fait que la NUPES à l'Assemblée nationale donne une telle image de la gauche ne peut que lui nuire à long terme. Son enfoncement dans le militantisme façon *Problemos* (en référence au film réalisé par Éric Judor en 2017, particulièrement représentatif de la néo-gauche) et sa conversion totale aux thèses nord-américaines (multiculturalisme, antiracisme revanchard, néoféminisme…) condamne cette gauche parlementaire au déshonneur.

Certains à gauche dénoncent les écueils de la NUPES. À l'instar du député François Ruffin qui est l'auteur d'un texte honnête, publié dans *Libération,* dans lequel il s'inquiète notamment de n'avoir pas su convaincre la « France périphérique ». Celui qui a été élu en Picardie fait figure d'exception parmi ses collègues députés, souvent issus des grandes villes ou des banlieues. Dans le monde intellectuel, Michel Onfray déplore depuis longtemps la dérive d'une partie de la gauche qui néglige le « peuple *old school* » et la ruralité au profit de luttes sociétales. Dans ses travaux, il affirme ainsi une vision particulièrement fidèle à la grande tradition de la gauche républicaine et décentralisée. Hormis quelques figures courageuses qui pointent la dérive de la NUPES et son OPA sur la gauche, celle-ci a su affirmer son hégémonie en lieu et place de l'ancienne social-démocratie.

En à peine quelques décennies, une néo-gauche minoritaire déconnectée des aspirations profondes et des menaces planant sur le pays a su conquérir le débat public français et prendre la tête des partis politiques. Par une prise de contrôle méthodique d'importants relais d'influence tels les médias, l'université ou les milieux artistiques, elle est en passe d'occulter pleinement la gauche patriote, sociale et populaire. Celle-ci s'est probablement réfugiée dans l'abstention ou auprès d'autres candidats. En négligeant les luttes traditionnelles du prolétariat ou de la ruralité au profit des combats sociétaux des bourgeois urbains, la nouvelle gauche s'est perdue. Elle a renoncé à son histoire.

Ici nos chemins se séparaient. Mon engagement partisan prenait fin, déçu et triste de ne pas avoir su « peser de l'intérieur ». L'histoire de la gauche était aussi la mienne, celle de la France. J'étais sonné par l'effacement du socialisme patriote, effondré par le « progressisme » Nord-Américain. En moins de cinquante ans, une gauche antinationale s'était dressée et avait choisi son camp. Elle ne défendait plus le peuple français, mais ses bourreaux, elle ne protégeait plus le pays des dangers de la mondialisation mais le jetait dans ses bras, elle ne préservait plus l'intégrité de la France dans le monde mais la disloquait dans celui-ci. Cette gauche-là n'était plus la mienne.

En choisissant pour totems la « *cancel culture* », l'islamo-gauchisme, ou le multiculturalisme, en glorifiant Butler et Despentes, en oubliant Proudhon et Leroux, les représentants de la gauche contemporaine se sont égarés. Année après année, ils ont renié jusqu'à leur histoire et leurs valeurs. Par leur forfaiture, ils ont définitivement dit : « Adieu Jaurès ! »

Quatrième partie

Reconquérir notre liberté et la chérir

IX

L'espoir rural

L'espérance est le songe d'un homme éveillé.
ARISTOTE (384-322 av. J.-C.).

Par-delà les mégapoles, les aéroports et les places boursières, il est des coins où flotte toujours un parfum de France. Comme un pays dans le pays, on y entend battre le cœur d'une nation millénaire, comme immortelle. Des milliers de communes façonnent un paysage unique, se confondant délicatement avec lui pour ne faire qu'un. Les clochers prolongent les collines, les toits des maisons soutiennent le ciel et dans le creux des champs coulent les ruisseaux. Routes, chemins et sentiers sinueux dessinent une France que l'on contemple comme un tableau. Celui de notre histoire. Ce legs fabuleux est un ravissement de chaque instant, une incitation à courir mille périls pour le sauver.

Ma vie à Paris ne me convenait pas. Je m'épuisais en désolation devant le triste spectacle qu'était l'effondrement progressif de la capitale. J'étais stupéfait du contraste entre la vie apparemment paisible de l'élite, et l'état réel de la ville. Paris était cet endroit incroyable où des habitants fortunés pouvaient profiter de cocktails à l'abri des regards, réfugiés dans l'arrière-cour splendide d'un hôtel particulier ; tandis que deux rues plus loin les ordures jonchaient le trottoir quand des voyous ne tentaient pas de dépouiller les passants. Je voyais cette ville (comme toutes les autres : Marseille, Lyon, Nantes, Bordeaux) sombrer dans une forme de ségrégation territoriale. Les gens ne vivaient pas ensemble mais en communautés. La violence, la dégradation du paysage (mobilier urbain immonde, tags) et la frénésie contemporaine avaient quelque chose de pré-apocalyptique. Comme dans ces films de science-fiction à la *Soleil Vert*, les grandes métropoles donnaient l'impression de s'offrir en pâture aux instincts les plus morbides de l'époque. Individualisme, solitude, pollution et ensauvagement étaient les caractéristiques des « villes de demain ». Impuissants, les édiles se perdaient en mesures stupides et dérisoires, les seules qui demeuraient à leur portée. Comment une ville dont les habitants s'agrippent à leurs affaires dans le métro, évitent certains quartiers, et placent des digicodes en bas de leurs immeubles pouvait sérieusement se dire en paix ? De quel pays déclinant une ville comme Paris pouvait bien être la capitale ? La perspective que cette ville à l'histoire fascinante et au présent terrifiant puisse être l'avenir de la France me glaçait le sang.

Pour contrebalancer ce sombre tableau, certains me rétorqueraient les musées, l'opéra et le dynamisme économique de Paris. Bien sûr cela existe, mais semble bien dérisoire par rapport à l'irrésistible déclin qui touche la capitale.

J'étais peu enclin à choisir entre la tranquillité de l'élite, qui évoluait à Paris de restaurants chics en soirées au spectacle, et la société réelle qui prenait les trains de banlieues et se barricadait le soir. Depuis mon arrivée à Paris, je caressais l'espoir de retrouver la quiétude du parfum de France. Loin du chahut de la capitale, de sa violence et de ses bobos insipides, je choisissais l'enracinement.

Sur les bancs des amphithéâtres de Sciences Po, j'avais pris l'habitude de consulter frénétiquement les sites internet d'annonces immobilières. Sur mon écran défilaient des moulins du XVIe siècle, des manoirs anglo-normands ou des longères d'Indre-et-Loire. Je ne voyais pas à l'époque en quoi ces vagabondages étaient plus futiles que des cours de sciences humaines, dont les théories me semblaient parfois bien fumeuses et plutôt militantes. J'étais particulièrement amusé à l'idée que derrière mon écran, défilaient des centaines de maisons de famille, symboles de la France catholique, bourgeoise et traditionnelle, conspuée par ce monde universitaire honnissant son passé. Ce blasphème répété m'aidait à passer les heures.

Un jour, une annonce discrète, plus modeste que les autres retint mon attention. Elle ne figurait sur aucune plateforme « de prestige » mais dans une agence immobilière du nord des Deux-Sèvres, où se côtoyaient pavillons modernes et appartements de ville moyenne. Tout juste le bref descriptif évoquait-il une maison ancienne avec dépendances « à rafraîchir », dans un petit village près de Thouars dont le nom, Noizé, m'était inconnu. Sur les images, la demeure semblait figée, réservée, comme hermétique aux assauts du temps. Je décidais de m'y rendre quelques semaines plus tard.

Le rendez-vous était fixé un samedi matin à 9 heures devant la maison. La route départementale reliant Niort à Thouars était déserte, je fendais la brume matinale au volant de mon vieux coupé lancé à vive allure. Les vrombissements du moteur, lorsque je rétrogradais à l'entrée des virages, me donnaient l'impression d'être l'esclave affranchi d'un monde glaçant, d'interdits et de fausses modérations. Dans l'habitacle, la climatisation ventilait un curieux assortiment d'eau de toilette printanière, de cigarillo et d'odeur de cuir. Écrasant mon mégot dans le cendrier, j'augmentais le volume de l'autoradio. *I Love America*, de Patrick Juvet résonnait dans les enceintes. Battant la mesure sur le volant, j'avais la douce impression de faire l'école buissonnière. Je désobéissais aux convenances d'une France corsetée qui doutait de son histoire, bannissait les rêveurs et clouait au pilori ceux qui prétendaient vivre librement. L'insouciance du trajet décuplait mon excitation.

À l'approche du petit hameau de près de 200 habitants, je distinguais un village qui ressemblait à tous les autres. Au milieu de la plaine immense, comme blotti contre une petite colline verte, le modeste bourg de Noizé se dévoilait timidement. La chapelle se distinguait légèrement des toits ardoisés. La route sinueuse était jalonnée de quelques noyers anciens. Quelques petits bois de chênes formaient des enclaves dans les champs à perte de vue. À la façon dont on observe le visage d'une première rencontre, je distinguais peu à peu les formes qui se dessinaient. Un pigeonnier massif bordait le village, un lavoir sous les arbres accueillait le visiteur et des murs en moellons encadraient la route vers le bourg. J'étais émerveillé par ce chemin qui me conduisait à la maison. Le lendemain de ma visite, je décidais de vivre là.

Il y avait en France plusieurs types de villages. Une faible part d'entre-deux était reconnue digne d'intérêt. Ce club très fermé permettait à certaines communes d'acquérir de précieux labels (« plus beaux villages de France ») ainsi qu'une large médiatisation. S'enclenchaient alors des dynamiques économiques vertueuses. À l'instar de communes comme Saint-Émilion ou Saint-Cirq-Lapopie, reconnus nationalement et au-delà. Très vite les volets étaient repeints couleur lavande, des jardinières fleuries se multipliaient et les prix de l'immobilier flambaient. La seconde catégorie de villages, n'avait pas été reconnue digne d'intérêt. Il s'agissait pourtant de l'écrasante majorité. Noizé était un de ces modestes bourgs, semblable à mille autres. Intégrée à une commune plus vaste, la mairie du village était une sorte de petite maison vide, mais bien entretenue. Les quelques hameaux alentour avaient fusionné au sein de la commune de « Plaine-et-Vallées ».

Avec ses quelques maisons, ses deux petites chapelles et ses calvaires en pierre à chacune des entrées, le village de Noizé concentrait la France à lui tout seul. Dès mes premiers mois ici, je prenais soin de m'attarder sur l'histoire locale. Tout commençait à l'orée d'un bois qui jouxtait le hameau. La « Pierre à Pineau », mégalithe probablement édifié au Néolithique (entre – 6000 et – 3000), témoignait de l'occupation très ancienne du site. Je découvrais qu'un instituteur y avait trouvé plusieurs pointes de flèches en silex et deux tessons d'un vase ancien décoré de traits verticaux. Des siècles plus tard, Noizé était une étape pour les voyageurs empruntant la voie romaine qui passait tout près. Une petite chapelle édifiée il y a plus de mille ans, surmontée d'un cône de pierre et entourée d'un modeste cimetière était comme perdue au milieu des champs. La croix de pierre au sommet du clocher semblait indiquer le centre du monde. Souvent lorsque j'empruntais le large chemin herbeux qui menait de la Pierre à Pineau vers l'église, j'étais comme happé par la puissance inouïe qui se dégageait de ce lieu. Je croyais toucher du doigt les fragments d'une histoire, belle et poétique, celle d'une grande nation millénaire. Du dolmen niché au creux des chênes aux décors de tuffeau des maisons bourgeoises, en passant par les calvaires en pierre, le paysage avait quelque chose d'immuable. Ici convergeait l'histoire de France. On imaginait la vie gallo-romaine de Noizé, les batailles sanglantes du XVIe siècle avaient été livrées tout près dans la plaine, et le monument aux morts de 1914 trônait sur la place du village. J'étais ému de me trouver ici, et plus encore d'y vivre.

L'hiver, il semblait que l'esprit des anciens s'échappait des cheminées, s'élevait au-dessus des toits, et nous observait. L'emprunte qu'ils avaient laissée sur le village était comme une protection, un legs, face aux écueils d'une époque folle. Un monde faisant l'apologie du déracinement comme certaines sectes amenaient leurs fidèles au suicide collectif. Noizé me semblait être la plus puissante base arrière de la reconquête d'une civilisation immortelle, la France.

Tandis que la pandémie de COVID-19 faisait rage dans les métropoles, que les déplacements se restreignaient, que les masques remplaçaient les sourires (où ce qu'il en restait), Noizé semblait évoluer dans une dimension parallèle. Alors qu'il fallait remplir une attestation pour aller acheter sa baguette de pain, je me promenais sans téléphone ni documents d'identité à travers les chemins communaux. Je croisais des riverains sans masque, qui me saluaient, parfois nous parlions de la pluie et du beau temps (en l'occurrence surtout du froid hivernal). J'oubliais de fermer ma porte à clé, le facteur déposait mes plis sur la table de la cuisine et nos vélos n'étaient pas attachés. En quelques semaines, je connaissais tous mes voisins, et eux me connaissaient plus encore. Il était difficile de passer une soirée seul à la maison tant les apéritifs, goûters et autres dîners étaient nombreux. Comme on retrouve la marche à pied après un accident de voiture, je redécouvrais tout un monde de liens, de tranquillité et surtout de liberté. La société ici me paraissait bien plus civilisée qu'à Paris, Marseille ou Lyon. Si votre portefeuille tombait sur la route, un gamin à vélo le rapportait, si vos volets restaient fermés trop longtemps, les voisins s'en inquiétaient, tout cela vous rappelait que vous étiez dans une nation en paix. La folie contemporaine était du côté des cadenas de vélo, des digicodes et des appartements modernes où chacun ignore le voisin. Par-delà le clivage gauche-droite, il se devinait un autre ordre du monde, une nouvelle scission bien plus structurante. Ceux qui chérissaient la liberté, la solidarité et le collectif d'une part, et les individualistes, préférant le contrôle de masse et le confort de la solitude d'autre part.

Naïvement, j'avais commis l'erreur de placer la gauche dans la première catégorie. Peu à peu, je comprenais qu'elle devenait plus adepte de la seconde. C'est d'ailleurs le malheur de la néo-gauche que d'engendrer et de se satisfaire d'une société urbaine du désordre, de l'individualisme et de la privation de libertés. Pire encore, la gauche anti-française entend déconstruire (pour ne pas dire détruire) ce qui reste des structures traditionnelles et collectives. Le dernier forfait de ces gens est de s'assurer de l'effondrement de ces « réserves de France » (j'entends ici parler de « réserves » comme l'on évoque les réserves naturelles, sortes de poches de biodiversité en péril, comme le sont les campagnes françaises aujourd'hui). Il est devenu insupportable aux yeux de la gauche bobo urbaine qu'il subsiste des coins où l'on ose encore chasser, conduire sa voiture, plaisanter librement et pour les plus récalcitrants aller de temps en temps à la messe. Pour son impertinence, la « France périphérique » est punie : on y empile les normes et les règles (limitation à 80 km/h, inflation de paperasse pour le moindre bâtiment agricole, hygiène drastique pour les spécialités locales, etc.), on détruit au nom des dogmes de l'écologie urbaine (concentration de parcs éoliens près des habitations, restrictions de chauffage) et on importe la violence de la ville (imposition d'une immigration de masse au mépris des ratios démographiques, contagion de la délinquance au-delà des métropoles).

Depuis des décennies, la gauche est aux abonnés absents pour défendre la France rurale. Pire, elle s'emploie à ostraciser et salir tout combat de défense de la ruralité. Aux audacieux qui se prennent de défendre les traditions locales ou les intérêts de la France périphérique, les ayatollahs de la néo-gauche sortent la sulfateuse ; les procès en conservatisme et le qualificatif ultime « d'extrême droite » sont dégainés avant même d'avoir pu prononcer un mot. À dessein, les tenants de la nouvelle gauche ont enfoui le socialisme municipal et ses théoriciens dans les limbes de l'histoire. Le triomphe du centralisme à la fin du XXe siècle a détruit une large part de l'héritage local et enraciné de la gauche. Les radicaux et les socialistes ont su conserver un tissu d'élus de proximité, soucieux de la décentralisation et de la démocratie locale. J'ai pu côtoyer certains d'entre eux, à l'instar d'Alain Rousset, le président de la région Nouvelle-Aquitaine, fervent partisan du rôle politique des « territoires ». Malheureusement pour la gauche, la ligne qu'il représentait avec quelques courageux, tels Carole Delga ou Michaël Delafosse, était minoritaire depuis trop longtemps chez les socialistes. C'était d'ailleurs ces quelques élus enracinés qui ont contesté la NUPES, à juste titre.

Avant eux, les précurseurs du socialisme municipal comme Charles Fourier ou Saint-Simon avaient théorisé une gauche populaire et collective. La commune était déjà l'échelon privilégié pour régir les rapports sociaux et la démocratie locale. Visionnaires, ces penseurs du

XIXe siècle avaient eu le génie de penser la nation comme une architecture bien plus complexe et diverse que le jacobinisme, en vogue auprès d'une autre partie de la gauche (communiste notamment). Certains comme Engels, voyaient pourtant dans le socialisme municipal une forme de pouvoir réformiste et « bourgeois ». Au fil des décennies, la gauche a choisi Engels contre Fourier. J'ai toujours déploré ce mouvement vers le centralisme parisien, ce qui m'a très tôt valu les critiques de certains de mes camarades. Défendre aujourd'hui la pensée de Jaurès sur la nation, ou celle de Fourier sur l'échelon communal, est devenu un *casus belli* au sein de la néo-gauche. C'est d'ailleurs pour cette raison que les mouvements politiques tels LFI, le PS ou les Verts sont totalement passés à côté du mouvement des gilets jaunes. Authentique insurrection de la France rurale et des villes moyennes, cette mobilisation des « ronds-points » était incompréhensible à Paris. Habituée aux manifestations étudiantes, antiracistes ou féministes, la gauche regardait incrédule et avec un certain mépris cette France populaire à laquelle elle ne comprenait rien. Ça n'est qu'au bout de longs jours de manifestations que Jean-Luc Mélenchon s'est intéressé aux gilets jaunes. La suite ? Une vaste (et ratée) opération de récupération politique.

Il y avait pourtant derrière les revendications des gilets jaunes tous les ingrédients d'une gauche locale, sociale et patriote. À Noizé, je parlais souvent avec des amis et voisins actifs lors des manifestations. Sur Facebook, ils avaient conservé les photos des ronds-points occupés et des déjeuners passés ensemble à refaire le monde. Il y avait derrière leurs récits une force politique et une poésie que je n'avais jamais ressenties en dix ans de militantisme à gauche. C'était eux, les héritiers authentiques du socialisme municipal, pas Olivier Faure et ses sinistres lieutenants parisiens. Je trouvais dans les revendications des gilets jaunes une multitude d'éléments moteurs à un projet d'avenir en France. Qu'il s'agisse de la démocratie locale, de la lutte pour que le travail paye mieux ou de la préservation des libertés, leurs combats étaient nobles. Je percevais dans nos discussions une forme tragique de déception quant aux combats qui avaient été menés et à leur issue. À son habitude, Emmanuel Macron les avait roulés dans la farine avec son Grand débat national et ses cahiers de doléances, et la gauche les avaient abandonnés sitôt l'été venu (à quelques exceptions près comme le réalisateur devenu député François Ruffin). Le triomphe de la « gauche Traoré » (en référence au soutien actif d'une partie de la gauche au comité de soutien à Adama Traoré) sur la gauche des campagnes se vérifiait lors de l'élection présidentielle de 2022. Jean-Luc Mélenchon perdait dans les campagnes et gagnait dans les banlieues et les grandes villes.

La défaite du socialisme municipal et la fin du gaullisme ont livré la France et ses campagnes au pire de l'époque actuelle. Le Thouarsais, région naturelle du nord des Deux-Sèvres où je vivais, était l'exemple parfait de ce phénomène. Ce territoire jadis prospère et emblématique d'une civilisation debout, subit aujourd'hui les effets de cinquante ans de mondialisation et de progressisme à marche forcée.

Ancienne cité industrielle et cheminote, Thouars avait connu la révolution industrielle du XIXe siècle et ses effets prospères jusqu'à la fin des Trente Glorieuses. La désindustrialisation et les délocalisations auront raison de la puissance économique de la ville dès la fin du siècle suivant. Les effets délétères de la mondialisation faisaient de la France l'économie la plus désindustrialisée du G7 (avec la Grande-Bretagne), et les villes moyennes n'étaient pas épargnées. Outre la mondialisation, l'importation du mode de vie consumériste à l'américaine avait lui aussi largement contribué au déclin de Thouars ces dernières années. D'immenses centres commerciaux avaient été érigés en périphérie, contribuant à l'effondrement du commerce de proximité, à la désertification du centre-ville et à la dégradation sinistre des abords de la commune. Le modèle de surconsommation et de la maison individuelle neuve a participé à l'abandon du bourg, comme dans de nombreuses villes moyennes du pays. En résultent aujourd'hui des rues fantomatiques, des commerces fermés et des paysages alentour abîmés sur plusieurs kilomètres (artificialisation des sols, zones pavillonnaires, panneaux publicitaires, etc.). Depuis plusieurs années désormais, Thouars perd des habitants qui préfèrent quitter la ville. Si les élus locaux font aujourd'hui preuve d'initiatives et de volontarisme, il est difficile de résorber en un mandat les insuffisances d'un demi-siècle d'erreurs majeures au nom de la mondialisation et de la consommation de masse.

Sur le plan civilisationnel, l'exemple thouarsais est lui aussi édifiant. Depuis quelques années l'insécurité explose dans de nombreuses villes moyennes. Dans les pages des quotidiens locaux, j'étais surpris de la fréquence des vols, agressions et trafics de drogue pour une commune de cette taille, dans un département réputé si calme. Rien que depuis 2020, Thouars a été le théâtre d'une double attaque à la sortie d'un restaurant (deux « jeunes » dont un mineur de 16 ans ont été interpellés), d'une agression au couteau (par un homme déjà condamné à 33 reprises) et de nombreux vols dont certains avec menaces de mort (dans les grandes surfaces ou les commerces). Thouars, ville jadis particulièrement tranquille, n'échappait pas à la vague de violence qui touchait l'ensemble du pays. Les conséquences tragiques de cinquante années d'une immigration de masse non-assimilée et d'une profonde crise de valeurs et d'autorité ont eu raison de la paix thouarsaise, comme partout. Si les bourgs alentour étaient pour le moment épargnés, je comprenais que Thouars ressentait les prémices de l'immense bouleversement civilisationnel à l'œuvre dans l'ensemble du pays. La contagion de la violence aux villes moyennes et à certaines zones rurales avait quelque chose de terrifiant pour l'avenir de la France.

À l'issue d'une brève analyse des principaux facteurs de déstabilisation du Thouarsais, des Deux-Sèvres et plus généralement de la « France périphérique » durant ces dernières décennies, la responsabilité est clairement identifiée. La doctrine mondialiste-progressiste, calquée sur la société américaine est à l'origine de la plus vaste opération de destruction de la France depuis des siècles. Avec la fin du gaullisme en 1974, le pays a été gouverné par une alternance de mondialistes aux différentes nuances, mais partageant le même dessein : la dilution méthodique de la vielle patrie tricolore dans l'Union européenne, puis dans le monde. La gauche au pouvoir choisissait le mondialisme au nom de l'ouverture au monde et de la tolérance, quand la droite le faisait au nom du capitalisme et du progrès technique. Par-delà le clivage gauche/droite, ils s'accordaient sur l'essentiel. Le système mondialiste avait un agenda à tenir et éliminait tous ceux qui lui barraient la route, qu'il s'agisse d'hommes d'État comme Jean-Pierre Chevènement et Philippe Séguin ou du peuple lui-même. Comme lors du référendum de 2005 sur la constitution européenne, où les élites mondialistes ont préféré passer outre quelques années plus tard par le traité de Lisbonne.

En quarante ans, l'irrésistible tandem des élites mondialistes de droite et de gauche a poursuivi sans obstacles son entreprise méthodique d'effacement de la France. Tous les piliers de la puissance française ont été sciés, à commencer par l'industrie, l'armée, l'éducation et la diplomatie, tout en assurant un transfert progressif du pouvoir vers des institutions supranationales (Maastricht, Traité de Lisbonne, etc.). Peu à peu la nation, qui était le bien suprême du peuple, a été affaiblie. Si les élites urbaines ont été les vainqueurs de ce cycle mortifère, les ruraux, les classes populaires et la classe moyenne en ont été les victimes, lâchement abandonnées.

Pour commettre ses forfaits, l'alliance sacrée à l'origine de ce déclin a su brillamment se reposer sur deux stratégies. En premier lieu, ils ont su habilement jouer la comédie de la contradiction afin de donner l'illusion d'un débat démocratique. Les porte-parole de la gauche au pouvoir singeaient la dispute envers leurs opposants de la droite « républicaine » et vice versa. D'émissions de télévision en débats à l'Assemblée, ils faisaient semblant de s'affronter. À coups d'arguments comptables de secrétaires d'État au budget, de mesures technocratiques et d'ajustements en tous genres, ces vieux compères se partageaient jalousement le pouvoir. Le bipartisme PS/UMP était d'un incroyable confort politique et permettait de jouer à la fausse démocratie tout en partageant fondamentalement les mêmes idées pour le pays. La seconde stratégie était celle de la diabolisation de l'ennemi. Redoutable, cette méthode permettait de criminaliser toute pensée antimondialiste, qu'elle vienne de la droite ou de la gauche. Sous la pression des « dérapages », des procès en extrémisme et du mépris technocratique, les récalcitrants n'avaient plus qu'à se complaire dans leur rôle d'éternels opposants.

En 2017, Emmanuel Macron avait eu l'honnêteté intellectuelle (et la malice) de réunir enfin cette alliance. En quelques mois, ceux qui avaient fait semblant de s'affronter pendant des années se sont unis derrière le candidat de la mondialisation. Gérard Collomb, Richard Ferrand, Édouard Philippe ou Bruno Le Maire, jadis faux opposants devenaient d'authentiques alliés. Le bloc mondialiste rassemblé pour de bon, les seules oppositions, de gauche et de droite ont été mécaniquement classées comme « extrémistes ». Ainsi se perpétue le cycle infernal de la déconstruction de la France.

Au fil des discussions avec les récalcitrants de la mondialisation, je comprenais que par-delà la gauche et la droite, il fallait unir ceux qui refusaient que la France disparaisse. La jonction était évidente entre les tenants de la gauche locale et patriote, lointaine héritière du socialisme municipal, et la droite sociale, gaulliste et enracinée. Leurs valeurs se réunissaient dans une opposition frontale à la marche forcée de ce nouveau monde. Tous deux étaient profondément attachés aux valeurs collectives, à la liberté et à la culture française. C'était cela le principal, sauver ce qui pouvait l'être.

Plus que jamais j'étais convaincu que le terreau fertile de cette alliance inédite depuis le Conseil national de la Résistance et le RPF (Rassemblement du peuple français), était la France rurale. À l'époque du RPF, mouvement politique qui s'affranchissait du clivage gauche-droite afin de réunir les patriotes (aujourd'hui nous pourrions parler de souverainistes), Charles de Gaulle avait été interdit d'antenne radio, tandis que les grands journaux lui étaient très hostiles. Il avait alors fait le choix, noble et judicieux, de s'adresser directement aux Français par des déplacements à travers tout le pays pour faire connaître son programme. C'est précisément dans cette optique qu'il faut aujourd'hui rassembler les souverainistes « de droite, de gauche, d'ailleurs et de nulle part » (pour reprendre l'expression de mon ami Michel Onfray). Comme l'avait fait le général de Gaulle, il faut faire reposer cette reconquête idéologique sur les campagnes et les villes moyennes.

Dans la grande tradition gaulliste, il faudra le moment venu réunir la petite bourgeoisie locale (médecins, notaires, élus locaux, chefs d'entreprise, commerçants) et le prolétariat (petits artisans, ouvriers, employés) dans un mouvement résolument ancré dans la France des campagnes. La gauche contemporaine commet une grave erreur en opposant les deux catégories. Il y a aujourd'hui bien plus en partage entre ces deux types de Français, qu'avec n'importe quel représentant de l'élite mondialiste. Bien sûr, je ne stigmatise pas ici les Français urbains ou cosmopolites, que je n'amalgame absolument pas aux élites mondialistes. Ils auront tout autant leur place dans ce mouvement, pourvu qu'ils en partagent les valeurs.

À ceux qui, à gauche, ont encore pour seule lecture du pays la lutte des classes je dis ceci : la véritable ligne de fracture en termes d'intérêts se place entre ceux qui subissent la mondialisation et ceux qui en tirent profit. Si les mondialistes ont su réunir la frange favorisée et urbaine du pays, aux souverainistes de rassembler « ceux qui ne sont rien », la ruralité, les classes moyennes et laborieuses, là où bat le cœur de la France. L'échelle locale est le bon niveau pour agir. Il faut revenir à l'essence de la démocratie, la commune.

J'en suis sûr désormais, le réveil français aura lieu dans les campagnes.

Pour la vie, pour la France

Une once de réel pur suffit à qui sait voir.
Christian Bobin (né en 1951).

« La France peut disparaître. » Cette pensée me hante. Du plus loin que je me souvienne, j'ai rencontré les signes de la fin prochaine de notre civilisation. Longtemps je les ai enfouis, par peur de me tromper, d'effrayer ou de heurter. Dans un monde où le progrès est une nouvelle religion, annoncer la chute est blasphématoire. Il faut être « optimiste », se réjouir des « nouvelles avancées », et « vivre avec son temps ». N'importe quel expert en communication, même le plus médiocre, sait qu'il faut toujours, et en toutes circonstances, se montrer positif dans les messages que l'on délivre. Annoncer l'effondrement de l'Occident relève ainsi du suicide social, politique et intellectuel.

La gauche porte en son cœur l'inexorable vague du progrès. L'élan de la transformation est une noble aspiration, consubstantielle de l'héritage humaniste, mais ne doit pas empêcher de concevoir le réel pour ce qu'il est. Incarner l'espoir ne doit pas revenir à dissimuler l'effondrement, tout en se complaisant dans le progressisme béat. C'est une voie sans issue. Je déplore que la gauche contemporaine ait choisi, pour une large majorité, de s'engouffrer dans le péril du déni. Laissant les mauvais présages aux conservateurs, elle a préféré tenir « le beau rôle », quitte à passer à côté des principales menaces qui pèsent sur l'Occident depuis des années. À trop vouloir incarner le camp du bien, elle a ignoré tous les périls du mal contemporain. La bienséance de gauche a écarté de ses rangs tous ceux qui alertaient de l'effondrement de la civilisation française.

Le déclin est avant tout une expérience du réel, que j'ai mesuré très jeune. Collégien dans un établissement public de Bordeaux, je me souviens des jeunes hommes, tous issus de l'immigration qui venaient nous racketter à la sortie de la classe. Un vendredi, alors qu'un copain et moi allions acheter quelques friandises chez le buraliste, après les cours, plusieurs d'entre eux avaient tenté de s'en prendre à nous. Bien plus âgés que moi, ils m'avaient encerclé, proférant des insultes en arabe que je ne parvenais pas à comprendre. Moqueurs et agressifs, ces garçons qui m'appelaient « boucle d'or » me bousculaient pour me précipiter à terre. Ingénieux, je me rappelle avoir eu la présence d'esprit de leur jeter au sol les quelques pièces données par mon père au marché. J'avais alors profité de cette diversion pour prendre la fuite, enfourchant mon vélo à la hâte. Le lundi suivant, la même bande de voyous était là pour nous attendre à la sortie de la classe. Bien plus nombreux que la première fois, ils se filmaient en train de frapper un garçon, blond lui aussi, qui était également élève de mon collège. Spectateur impuissant de la scène, quelques mètres plus loin, mes agresseurs m'avaient reconnu et se lançaient à ma poursuite. Alors que je pédalais pour m'enfuir, j'entendais leurs hurlements : « on va te buter », « nardinamouk ». Alors que je descendais la rue à vive allure pour échapper à leurs coups, je manquais de me faire écraser par le tramway qui passait au même moment. Celui-ci klaxonna et interrompit la course-poursuite. Si ce tramway m'avait percuté je serais mort, à treize ans. *Sud-Ouest* aurait sûrement titré sur « un accident tragique de la circulation, provoquant la mort d'un adolescent imprudent ».

De retour chez mes parents, je ne réalisais pas que j'étais la victime d'une attaque qui aurait pu me tuer. J'étais incrédule face au racisme de ces jeunes qui m'appelaient « le Gaulois » et m'insultaient.

Aujourd'hui, mes contradicteurs de gauche justifieraient sûrement cette attaque. Ils expliqueraient doctement que la colonisation et l'oppression blanche y sont probablement pour quelque chose dans la violence que j'avais subie. À grand renfort de travaux sociologiques, ils s'enflammeraient sur une forme de « réduction de fracture sociale ». Les plus audacieux expliqueraient peut-être que ces jeunes arabes « se sont fait justice » en nous frappant. Le fait que des milliers de jeunes garçons, blancs comme moi, se fassent persécuter à raison de leur couleur de peau, de leur supposée religion (catholique) ou de leur culture française, n'intéressait personne. Je comprends à présent qu'aucun chercheur de gauche n'a jamais eu l'idée d'une étude sociologique sur le sujet. Tout cela ne rentrait pas dans le logiciel d'une gauche contemporaine, plus concentrée sur le commerce triangulaire au XVIIIe siècle, que sur les oppressions que subissent les jeunes blancs aujourd'hui. Là encore, je constate non seulement la désertion de la gauche, mais surtout le déclin français. L'expérience du réel était ancrée en moi. J'étais conscient des risques que nous courrions tous, maintenant et demain.

Le temps des désillusions ne s'arrêtait pas à cette violence. Peu à peu, je comprenais que je poursuivais des chimères qui n'avaient plus court. Les rencontres amoureuses ne se faisaient plus, comme dans mes livres, à la terrasse d'un café ou dans une soirée, mais *via* des applications de rencontres. Ma génération « *swipait* » des profils sur un smartphone, et pratiquait l'amour sur catalogue. Elle tenait plus de la misère sexuelle houellebecquienne que de Rimbaud et de ses passions tumultueuses. Comment ne pas voir le spectre du déclin, lorsque mes pairs se cloîtraient dans leurs chambres étudiantes, un carton de pizza sur la table basse et un téléphone portable dans la main ? Tout cela s'apparentait à un mauvais cycle, dont l'issue paraissait funeste.

Les signes visibles du déclin semblaient disposés méthodiquement sur ma route, à la façon de panneaux pour s'orienter dans le dédale d'une époque incompréhensible. À l'opéra pour la première fois, je constatais que les spectateurs n'étaient plus en smoking comme je l'imaginais, mais vêtus de polos, jeans et tee-shirts. Lorsque je comparais les façades XVIIIe de la rive gauche de la Garonne à celles qui leur faisaient face de l'autre côté du fleuve, je percevais là aussi l'effondrement. Les unes semblaient contempler Bordeaux pour l'éternité, tandis que les autres s'apparentaient davantage à un chantier inachevé, programmé pour s'écrouler. Cette époque me semblait moins perfectionniste, moins belle et moins grandiose que les autres.

Constater le déclin, penser la décadence, relève bien plus d'un devoir d'objectivité que d'une forme apathique de désespoir. Non seulement cela ne suscite pas de tristesse personnelle, mais ce vertige du réel engendre la plus élémentaire pulsion. Celle du réflexe vital, qui pousse les êtres à se dresser pour réagir. Bien sûr, ce chemin ne se parcourt pas seul. Il serait même prétentieux de croire que l'on peut, à vingt ans, découvrir le premier que notre civilisation court à sa perte. Certains auteurs contemporains ont ouvert la voie et je leur en suis reconnaissant. Je suis un enfant de la télévision, et mes premières inclinations littéraires ou intellectuelles sont nées sur les plateaux de Laurent Ruquier. Lorsqu'Alain Finkielkraut ou Michel Onfray étaient invités du célèbre *talk-show* de France 2 « On n'est pas couché », j'étais comme absorbé par l'écran. Je les voyais manier avec aisance les mots et les concepts face à des invités du *show-business* souvent hors-sol et incrédules. Ceux-là devaient les voir comme de dangereux conservateurs, ce qui ne faisait que susciter plus d'admiration chez moi. Ils étaient seuls contre tous, et distribuaient des leçons d'intelligence aux uns et aux autres. Ils lisaient l'époque moderne avec génie, et mettaient des mots sur ma perception du monde. Le plus souvent, les invités qui se succédaient dans cette émission venaient faire leur « promo » et se montraient plutôt opportunistes et convenus. Houellebecq (qui n'était venu qu'une fois, dans une émission exceptionnelle), Onfray ou Finkielkraut dénotaient sérieusement. Leur talent, la puissance de leurs démonstrations, ou encore la capacité qu'ils avaient à mettre en garde contre les écueils de l'époque les rendaient tous admirables. Ma préférence allait au philosophe Michel Onfray, qui me semblait être le plus grand lecteur de l'époque, le plus brillant.

Ces pionniers, leurs livres et la finesse de leurs interventions médiatiques, me donnaient à voir ce que la France était depuis toujours : un pays d'intellectuels capables d'aller à rebours des dogmes de l'époque, quitte à risquer le bannissement moral.

Au lycée, et plus encore à Sciences Po, leurs livres s'échangeaient « sous le manteau ». Nos professeurs ne les considéraient pas comme suffisamment académiques (c'était du moins la raison officielle qu'ils invoquaient), tandis que les apparatchiks des partis de gauche voyaient d'un mauvais œil ce type de littérature. On se procurait ces livres avec un sentiment un peu coupable. Le système académique et médiatique était souvent à l'origine de ce sentiment, qui poussait à agir en catimini. Rétrospectivement, je comprends mieux pourquoi. Ceux qui, depuis des décennies, s'étaient employés à ériger ce monde post-national, déconstruit et déclinant, ne voulaient pas que la jeunesse de France tombe sur des intellectuels dénonçant leurs forfaits. À Sciences Po, une sorte d'endoctrinement consistait à fabriquer des esprits d'apparence libre, mais franchement conformistes dans les faits. Il s'agissait de former ceux qui allaient reproduire le monde tel que les idéologues post-soixante-huitards l'avaient façonné (ou plutôt détruit).

Le combat idéologique est incontestablement la mère des batailles. Le récit post-national, qui vise à déconstruire tout ce qu'est la France depuis près de 2 000 ans, règne sans partage sur le débat public depuis la fin du gaullisme. Avec toutes ses nuances (de la gauche mondialiste à la droite libérale), il tient le haut du pavé dans l'ensemble des cénacles élitaires français. S'il empêche toute forme de pluralisme, en renvoyant à l'accusation suprême « d'extrémisme » toute pensée alternative, ce système est loin de faire l'unanimité dans l'opinion publique. Pis, il est largement minoritaire dans le pays.

En 2021, la célèbre enquête du CEVIPOF[1] brosse le portrait d'une France en décalage profond avec les aspirations des élites mondialistes, au pouvoir depuis quarante ans. Les sondeurs relèvent notamment que 58 % des

1. Centre de recherches politiques de Sciences Po (CEVIPOF), en 2021 « fractures françaises » 9e édition.

Français considèrent la mondialisation comme « une menace pour la France » (à l'exception des cadres et des électeurs LREM). Les chercheurs notent que 60 % sont favorables à un renforcement du pouvoir national sur celui de l'Union européenne et concluent : « Le désir de souveraineté nationale est fort dans toutes les catégories. » 64 % des Français considèrent qu'il y a trop d'immigrés en France (76 % des ouvriers – ils sont souvent les premiers à côtoyer l'immigration, bien avant les cadres), 69 % que l'islam est une religion conquérante et 62 % déclarent « qu'on ne se sent plus chez soi comme avant ». Sur les sujets sociaux, 60 % des Français aspirent à « prendre davantage aux riches pour donner aux pauvres », les chercheurs notent que « la justice sociale est un thème qui recouple largement le clivage gauche-droite ». Pour finir, l'enquête du CEVIPOF note que 75 % des Français considèrent le pays en déclin et 72 % disent « s'inspirer de plus en plus des valeurs du passé ».

À la lecture de ce portrait réalisé par la fondation Jean Jaurès et Sciences Po, on comprend que les Français aspirent à la souveraineté nationale, veulent conserver leurs valeurs traditionnelles, perçoivent l'islam comme une menace et aspirent à plus de justice sociale. Dans le débat public on caricature et on ostracise pourtant chacune de ces aspirations populaires. La manœuvre est grossière, il s'agit de mettre le peuple de France en état de minorité intellectuelle. Les quelques courageux qui le défendent et partagent ses priorités sont tous taxés d'extrémistes par l'élite minoritaire du pays.

Signe ultime de la défaillance de la démocratie représentative, le pouvoir déploie depuis 40 ans une politique radicalement contraire aux aspirations des Français telles que décrites par le CEVIPOF : effacement de la souveraineté nationale, déconstruction des valeurs traditionnelles, expansion de l'islam politique et accroissement des inégalités sociales. Si l'élite trouve son compte dans ce projet de société, le modèle auquel aspirent les Français, dans leur grande majorité, s'apparente bien plus à une nation gaulliste et souverainiste. Il est une impérieuse nécessité de rééquilibrer le débat public à l'aune de cet état de l'opinion.

Conscient de défendre une vision de la France majoritaire au sein du pays, je perçois depuis bien longtemps le souffle vital de cette nation, qui refuse de s'éteindre.

Par-delà les manœuvres de la minorité mondialiste, à pied d'œuvre dans la déstructuration du pays depuis des décennies, il est indispensable de réhabiliter un récit commun, national et populaire. Celui-ci s'incarne dans les livres, bien sûr, mais pas seulement. Tous les relais d'opinions qui ont été investis par les déconstructeurs sont autant de bases avancées qui doivent leur être reprises. À la télévision, sur les réseaux sociaux, à l'université ou encore dans les entreprises, la pensée mondialiste et *woke* est en passe de devenir une norme ultra-dominante (dans certains cas, elle l'est déjà depuis fort longtemps). La puissance irrésistible de cette pensée, pourtant minoritaire, réside dans son extraordinaire faculté à noyauter l'ensemble des cercles d'influence, tout en produisant son récit, ses mots et ses concepts. C'est ainsi, que la notion de « genre » par exemple, est passée d'une théorie marginale et controversée à un concept désormais largement admis. Aujourd'hui les grandes entreprises multinationales sont mises sous pression afin de réaliser des campagnes de promotion de « l'égalité de genre » auprès de leurs salariés, en lieu et place de « l'égalité des sexes » jadis préférée. Les institutions publiques, à l'instar de *France Stratégie* réalisent des infographies recommandant aux multinationales de s'engager contre les discriminations que subissent les femmes « en raison de leur genre » (et non de leur sexe). Du concept militant à la notion admise par les puissances politiques et économiques, « le genre » s'impose partout.

Comme la théorie du genre, des dizaines de concepts militants, issus de la pensée *woke*, ont irradié l'Occident dans toutes ses composantes, y compris les plus institutionnelles. C'est ainsi que la Commission européenne faisait la promotion du voile islamique pour les fillettes en septembre 2022 ; qu'un film magnifiant les rodéos urbains a été présenté à Cannes (*Rodéo*, 2022, film noté 3,6/5 par la presse sur le site Allociné et 1,8/5 par les spectateurs) ; ou encore que France Télévisions s'interrogeait en 2020 sur le thème : « Comment être un allié.e.s pour #BlackLivesMatter ? Il faut reconnaître son statut de privilégié[1]. » Qu'il s'agisse de l'une des principales institutions de l'Union européenne, du festival de cinéma le plus prestigieux de France ou de la télévision publique nationale, les déconstructeurs sont partout chez eux.

Irrésistible auprès de la jeune génération, la propagande *woke* et mondialiste pave le chemin de millions d'Occidentaux depuis leur plus tendre enfance. Elle participe ainsi à leur construction intellectuelle, ou plutôt à leur déconstruction mentale.

Tout l'enjeu pour ceux qui refusent que la France disparaisse, réside dans la capacité du monde politique, intellectuel et culturel français, à résister face aux idéologies *woke* et mondialiste. Si au fil des siècles la France a su éclairer le monde de son génie, il est impensable qu'elle

1. Publication Instagram du 27 juin 2020 de France TV slash.

s'abandonne aujourd'hui à l'effondrement moral et intellectuel qu'engendre l'Occident sous la férule des déconstructeurs. La contre-offensive doit se placer sur l'ensemble des nœuds d'influence qui ont été colonisés pour mieux ôter à la France sa culture et son identité.

Depuis quelques années, le monde médiatique dont Michel Houellebecq disait qu'il était majoritairement « de centre gauche » est mis à mal par l'amorce d'une contre-révolution culturelle, dont le succès atteste de sa puissance nouvelle. Les records d'audience des philosophes et intellectuels qui refusent la déconstruction, n'ont pas leur pareil du côté des néo-progressistes. Les triomphes en librairie et à la télévision d'Onfray, Finkielkraut, Houellebecq et bien d'autres, illustrent la force de l'adhésion populaire à leurs travaux, par-delà l'hégémonie de la propagande déconstructrice en France et les campagnes de dénigrement qu'ils subissent. Ces succès, comme ceux de certains médias qui leur donnent la parole, sont autant d'obstacles qui pavent le chemin de l'idéologie dominante.

L'espoir que suscite cette contre-révolution intellectuelle doit permettre d'écrire un autre récit national, à rebours de celui que la mondialisation culturelle œuvre à imposer en Occident. Soucieux de cette nécessité d'élargir ce mouvement par-delà les livres et les idées, j'ai peu à peu abandonné l'idée de l'engagement dans les structures partisanes traditionnelles. Ces entités finissaient par unir des gens qui ne partageaient plus grand-chose, si ce n'est une ambition personnelle exacerbée. Il me fallait réunir des individus libres, mus par l'idéal et non par le goût pour la carrière. C'est ainsi qu'au printemps 2021, j'ai réuni quelques dizaines d'amis autour d'un recueil de propositions sous la bannière « Souverains Demain ! » Ce collectif m'a permis de renouer avec ce que j'ai préféré dans ma gauche : la confrontation d'opinions au service de l'idéal. Comme une extraordinaire source d'espérance, d'autres personnes que je ne connaissais pas nous ont rejoints. Partant d'une page vierge, sans moyens financiers ni matériels, nous avons levé un groupe soudé autour de l'idée de souveraineté nationale. Par-delà les différences gauche/droite, les membres de « Souverains Demain ! », partagent tous le désir d'une France souveraine, qui refuse sa disparition programmée. Des étudiants, des retraités et des travailleurs échangent ensemble, faisant fi des différences culturelles, géographiques ou sociales. Renouant ainsi avec la tradition des idéologies collectives, socialistes ou gaullistes, des personnes unies autour d'un idéal commun donnent de leur temps, sans rien attendre d'autre que la possibilité de sauver leur pays, qu'ils aiment plus que tout.

Construire une alternative à l'idéologie dominante, néo-progressiste et mondialiste, n'est pas chose aisée. Trop souvent les courants authentiquement gaullistes, souverainistes, ou d'une gauche patriote se sont laissé caricaturer par le système politico-médiatique ; qui, il faut bien le dire, se montrait particulièrement violent et injuste à leur égard. Ecrire un contre-récit, au service de la France, suppose en premier lieu un éclairage historique et culturel puissant, ambitieux, loin des caricatures rabougries que le corset nationaliste engendre. Les élections présidentielles de 2022 ont montré, par le score d'Éric Zemmour (7 % au premier tour et moins de 5 % aux élections législatives), qu'une droite nationale et traditionnelle ne suffisait pas à emporter l'adhésion populaire. Par-delà le conservatisme, la protection de valeurs et d'une culture française, bien légitimes à être défendus, la faiblesse du projet du candidat Zemmour résidait dans son absence d'ambitions et de perspectives pour le pays. En se bornant à « l'union des droites », le candidat à la magistrature suprême a oublié qu'il devait transcender les appartenances politiques au service d'un dessein plus grand, la France. Il aurait été bien avisé de se rappeler des mots du général de Gaulle en 1965 : « La France, c'est tout à la fois, c'est tous les Français, c'est pas la gauche, la France, c'est pas la droite, la France. Il y a l'éternel courant du mouvement, qui va aux réformes, qui va au changement, qui est naturellement nécessaire. Et puis, il y aussi un courant de l'ordre, de la règle, de la tradition, qui lui aussi est nécessaire. C'est avec tout cela qu'on fait la France. Prétendre faire la France avec une fraction, c'est une erreur grave. Et prétendre représenter la France au nom d'une fraction, cela, c'est une erreur nationale impardonnable. » Quiconque oublie cela ne peut se réclamer du gaullisme. Ne parler qu'à son camp revient à diviser le pays. Écrire un contre-récit, c'est montrer au peuple, dans toutes ses composantes, que l'on gouvernera à son service.

Le camp national ne doit pas tomber dans l'écueil de la caricature. Singer un patriotisme exacerbé ou un rejet primaire à l'égard du cosmopolitisme, revient à s'auto-stigmatiser, donnant tout loisir à la bien-pensance de s'imposer comme le camp de la raison. La gauche patriote, tout comme le gaullisme, ont engendré une France audacieuse, ambitieuse et humaniste, tout le contraire du nationalisme.

La gauche est nécessaire à la France bien sûr. Son malheur est qu'elle soit aujourd'hui prise dans la tenaille du mondialisme social-démocrate et de l'islamo-gauchisme de la gauche radicale. Si elle veut de nouveau contribuer au débat, la gauche devra revenir à ce qu'elle fut jadis, un mouvement populaire et patriote. Sans cette troisième voix, elle se condamne, comme la stratégie nationaliste, à ne parler qu'à son camp, oubliant la France.

Le mérite de Jean-Luc Mélenchon, mon ancienne idole, est de poser un diagnostic social et politique du pays, et de proposer un substrat intellectuel indéniable. Son erreur impardonnable est de nier les effets chaotiques de l'immigration de masse, la violence de la société et les ravages de la déconstruction. En ignorant l'effondrement des civilisations françaises et occidentales, en misant sur la « créolisation » et en adoptant la doctrine *woke*, l'ancien trotskiste s'égare sur un chemin délétère pour la gauche, et plus encore pour la France. Jean-Luc Mélenchon, comme la plupart des enfants idéologiques qu'il a engendrés, conduisent le pays tout droit au déclin. Pis, lui et ses compagnons de route ajoutent le désordre au déclin.

La « gauche de gouvernement », ou ce qu'il en reste, est empêtrée dans son européisme béat et son mondialisme aveuglé. L'échec de François Hollande réside en partie dans son renoncement à une politique économique de « rupture avec le capitalisme » comme disait François Mitterrand, et dans son incapacité à protéger la souveraineté nationale. J'ai constaté de l'intérieur l'incapacité de cette gauche à modifier son logiciel. Il était cohérent qu'elle soit remplacée par le macronisme, qui n'est qu'une forme optimisée de social-démocratie. En vain, j'ai tenté d'infléchir les positions de cette gauche, de l'inciter au retour vers son histoire patriote et populaire. En 2021, j'ai écrit une lettre ouverte à Stéphane Le Foll, dans la revue de mon ami Michel Onfray, *Front Populaire*, l'invitant à refonder la gauche française. Cet homme, pour lequel je cultivais un respect sincère, n'est pas parvenu à entendre ce message, j'en ai conclu que la gauche patriote devrait se bâtir autrement.

Depuis quelques années, j'ai beaucoup lu ceux qui théorisaient la fin du clivage gauche-droite. À bien y réfléchir, j'ai acquis deux convictions face à cette hypothèse. D'abord, l'existence de ce clivage est nécessaire à la démocratie, en ce qu'il donne des racines aux idées, et participe de nos représentations du monde. Ensuite, je vois dans le clivage gauche-droite, une tension idéologique ayant vocation à être réduite, voire dépassée, au service de l'intérêt supérieur d'une nation en péril. En d'autres mots, je crois que la situation impose une union de ceux qui souhaitent ardemment que vive la France. D'où qu'ils viennent, ceux-là devront faire front commun, face à ceux qui théorisent et engendrent sa disparition.

Le danger qui guette notre civilisation n'est pas une incitation au repli ou au défaitisme ; c'est un puissant signal en faveur de l'union pour notre sauvegarde. Face à l'adversité, la France ne fut grande que dans le dépassement du clivage pour la patrie. Vercingétorix, Napoléon ou de Gaulle furent les hommes de ce dépassement, tous humbles serviteurs de la souveraineté nationale. Les circonstances tragiques ont fait d'eux les protecteurs éternels de la France, par-delà des clivages que l'histoire a oubliés.

Notre pays rencontre un de ces moments, tragiques et puissants, dont seul le courage de l'ambition patriotique peut nous délivrer. Comme jadis, c'est en France que doit naître l'espoir. Le peuple a désormais la responsabilité d'agir, en souverain.

« Ceux qui oublient le passé, négligent le présent, craignent pour le futur, ont une vie brève et très tourmentée ; lorsqu'ils vivent leurs derniers instants, ils comprennent mais trop tard, les malheureux ! qu'ils se sont démenés tout ce temps pour rien. » Puissent ses mots du grand Sénèque, pénétrer l'esprit français. Le ramener à sa genèse, une part de sagesse qui jamais ne doit s'éteindre.

Table des matières

Composition : Le vent se lève...

Achevé d'imprimer
sur les presses de la Nouvelle Imprimerie Laballery
58500 Clamecy

N° d'impression : 211604
Achevé dimprimer : avril 2023
Dépôt légal : mai 2023

Imprimé en France